Exegese bíblica

Maria de Lourdes Corrêa Lima

Exegese bíblica
Teoria e prática

Dados Internacionais de Catalogação na Publicação (CIP)
(Câmara Brasileira do Livro, SP, Brasil)

Lima, Maria de Lourdes Corrêa
Exegese bíblica : teoria e prática. – São Paulo : Paulinas,
2014. – (Coleção Exegese)

Bibliografia.
ISBN 978-85-356-3749-6

1. Bíblia - Hermenêutica   2. Bíblia. A.T. - Hermenêutica
3. Bíblia. N.T. - Hermenêutica   I. Título.   II. Série.

14-02654   CDD-220.601

Índice para catálogo sistemático:
1. Hermenêutica bíblica   220.601

1ª edição – 2014
3ª reimpressão – 2021

Direção-geral: *Bernadete Boff*
Editores responsáveis: *Vera Ivanise Bombonatto e*
Matthias Grenzer
Copidesque: *Mônica Elaine G. S. da Costa*
Coordenação de revisão: *Marina Mendonça*
Revisão: *Ruth Mitzuie Kluska*
Gerente de produção: *Felício Calegaro Neto*
Capa e diagramação: *Manuel Rebelato Miramontes*

Nenhuma parte desta obra poderá ser reproduzida ou transmitida
por qualquer forma e/ou quaisquer meios (eletrônico ou mecânico,
incluindo fotocópia e gravação) ou arquivada em qualquer sistema ou
banco de dados sem permissão escrita da Editora. Direitos reservados.

Paulinas

Rua Inácia Uchoa, 62
04110-020 – São Paulo – SP (Brasil)
Tel.: (11) 2125-3500
http://www.paulinas.com.br – editora@paulinas.com.br
Telemarketing e SAC: 0800-7010081
© Pia Sociedade Filhas de São Paulo – São Paulo, 2014

Quem reconhece que estes escritos têm sua origem naquele que é o Criador do mundo deve ter a certeza de experimentar o mesmo que acontece aos exploradores do Universo. Mais ele avança na leitura, tanto mais lhe parece intransponível a montanha de mistérios. É como aquele que, enfrentando o mar numa pequenina embarcação, pouco teme enquanto está ainda próximo à terra firme. À medida, no entanto, que, avançando para o alto-mar, ora é levado para o alto das ondas revoltas, ora é ameaçado de ser varrido para os abismos a ferver entre as vagas, é assaltado pelo pavor, o espanto, por ter ele enfrentado o imenso oceano com tão pequena nave. Assim parece acontecer a nós, nautas de pouca proeza e de estreito espírito, ao demandar um mar de mistérios tão vasto.

Orígenes, *Homilias sobre o Gênesis*, 6,86-87.

SUMÁRIO

Introdução 9

PRIMEIRA PARTE
FUNDAMENTOS DA HERMENÊUTICA DA EXEGESE BÍBLICA

Capítulo 1 – Pressupostos hermenêuticos 15

Capítulo 2 – Aspectos particulares da exegese cristã:
a Escritura, um único todo 33

Capítulo 3 – O método histórico-crítico no contexto
dos métodos sincrônicos 53

SEGUNDA PARTE
ETAPAS METODOLÓGICAS

Introdução 75

Capítulo 1 – Primeiros passos: Tradução 77

Capítulo 2 – Crítica literária ou da constituição do texto 85

Capítulo 3 – Crítica da forma 107

Capítulo 4 – Crítica do gênero literário 123

Capítulo 5 – Crítica da redação 131

Capítulo 6 – Crítica das tradições 143

Capítulo 7 – Comentário exegético 165

Apêndice 1 – Principais gêneros literários
do Antigo Testamento 171

Apêndice 2 – Principais gêneros literários
do Novo Testamento 193

INTRODUÇÃO

Toda visão é para vós como as palavras de um livro selado,
que se dá a uma pessoa que sabe ler, dizendo-lhe: Lê isto! Ela
então responde: Não posso, pois está selado. Entregando-se o
livro a alguém que não sabe ler e dizendo-lhe: Lê isto!, ele en-
tão responde: Não sei ler.
(Is 29,11-12)

Certamente, aqueles que procuram aventurar-se no mar amplo e profundo da interpretação dos textos bíblicos se deparam, logo de início, com a dificuldade do caminho a seguir. A questão metodológica, irrenunciável em qualquer estudo que se pretenda científico, possui, também neste âmbito, fundamental importância. Com a finalidade de proporcionar subsídios que auxiliem na superação desta dificuldade foi composto o presente trabalho, que se apresenta não só como um manual, mas como um convite à reflexão sobre as coordenadas da leitura, compreensão e interpretação dos textos bíblicos. Fruto de diversos anos de docência da disciplina de Metodologia Exegética no curso de Pós-Graduação em Teologia (especialização Bíblica) na Pontifícia Universidade Católica do Rio de Janeiro, procura atender às demandas dos estudantes e de todos os que desejam aproximar-se de modo mais sistemático dos textos bíblicos.

Um método sempre possui pressuposições teóricas, que orientam não só seus procedimentos, mas também o horizonte das conclusões resultantes de sua utilização. Constitui-se, portanto, também a este título, numa opção determinante, capaz de conduzir os próprios resultados do trabalho. É nesse sentido que, na primeira parte deste estudo, apresentamos considerações sobre os pressupostos teóricos de uma metodologia exegética adequada à natureza dos textos bíblicos (capítulo 1), seguidas de reflexões sobre o *proprium* da exegese cristã, particularmente quanto à leitura do Antigo Testamento (capítulo 2). Enfim, localizamos o assim chamado método histórico-crítico no contexto da exegese dos últimos anos (capítulo 3). A escolha por aprofundar a metodologia histórico-crítica se dá por dois motivos: primeiramente, por ser ela indispensável à exegese, na medida em que esta se ocupa de textos antigos, cuja compreensão não é sempre evidente para épocas posteriores; em segundo lugar, pelo fato de que diversas outras metodologias hoje utilizadas são, de fato, o desenvolvimento, num determinado aspecto, de uma ou outra etapa do método histórico.

A segunda parte desta obra pretende apresentar o passo a passo do trabalho exegético, desde a tradução provisória do texto até o comentário exegético. Esta seção segue a linha que vai da apresentação dos elementos teóricos necessários para a compreensão de cada etapa metodológica ao seu modo de aplicação, de modo particular no estudo científico dos textos bíblicos. Exemplos tirados do Antigo e do Novo Testamento, explanados, em cada capítulo, após a seção teórica, visam deixar claro o modo de proceder de cada fase. São indicados também subsídios bibliográficos para cada etapa do trabalho. Com efeito, parte significativa da metodologia consiste em discernir os instrumentais apropriados a cada momento do estudo.

Ao final, em dois apêndices, são apresentados os gêneros literários mais comuns do Antigo e do Novo Testamento. Dada a natureza da matéria e a fluidez das opiniões neste campo, torna-se difícil expor um quadro completo e unívoco. A finalidade consiste, então, simplesmente em abrir o leque de possibilidades para avaliação de textos bíblicos em concreto e para posteriores aprofundamentos.

Espera-se que, com as reflexões e indicações metodológicas aqui oferecidas, o caminho para o estudo exegético seja consideravelmente aplainado. E, desse modo, a revelação de Deus nos escritos inspirados não seja para nós um livro selado. Possamos receber a Escritura e, com instrumental metodológico, abri-la e lê-la com mais profundidade. A compreensão das palavras é caminho para chegar à Palavra.

EXEGESE BÍBLICA: TEORIA E PRÁTICA

Não poderia deixar de ser mencionado um agradecimento muito especial ao meu então orientador de doutorado, Prof. Pe. Horacio Simian-Yofre, sj, verdadeiro mestre da metodologia exegética, bem como a todos os estudantes que, nestes anos, com sua participação nos cursos, contribuíram para o amadurecimento da reflexão e do modo de conduzir a exposição deste tema. As dificuldades do método exegético não devem ser consideradas um empecilho para o estudo, mas um desafio a ser superado em vista de se divisarem horizontes mais vastos e profundos dos textos sagrados. Uma vez avistados, estes horizontes podem servir a todos os que têm sede da Palavra, contribuindo para o crescimento da fé eclesial.

PRIMEIRA PARTE

FUNDAMENTOS DA HERMENÊUTICA DA EXEGESE BÍBLICA

CAPÍTULO 1

PRESSUPOSTOS HERMENÊUTICOS

1. Hermenêutica e metodologia

O termo *hermenêutica* provém do grego ἑρμηνεύω, que significa declarar, anunciar, interpretar, esclarecer, explicar, traduzir. Pode ser compreendido de diversas maneiras. No sentido clássico, é a teoria geral da interpretação de textos, que indica os princípios que devem guiar a interpretação; é uma disciplina de cunho filosófico. Em sentido mais estrito, equivale a metodologia; é um ensino teórico que determina passos a seguir na interpretação de textos (o *método*). O termo é também usado para indicar a compreensão de um texto aproximando-o de situações atuais; hermenêutica significa, então, atualização da mensagem de um texto.

O termo é utilizado aqui em seu sentido clássico, como teoria geral acerca da compreensão e interpretação dos textos, ficando reservado o termo "método" para a aplicação dos princípios gerais da hermenêutica num modo sistemático de proceder. A atualização é considerada uma etapa ulterior à aplicação do método.

A importância da reflexão acerca dos princípios de interpretação reside fundamentalmente no fato de que toda metodologia está baseada em princípios hermenêuticos, que ditam suas coordenadas mais amplas, concretizadas em seguida em passos metodológicos precisos.

2. Fundamentos da hermenêutica aplicada a textos bíblicos

2.1 Introdução: texto e leitor

O texto é um evento comunicativo, que supõe a utilização de um sistema linguístico dentro de um determinado modo de expressão. Não é uma realidade *a se*, mas se localiza num determinado momento histórico, cultural, situacional e num determinado contexto literário. Ele é o mediador entre o emitente, que quer expressar uma palavra, uma experiência, e o receptor. O receptor não entra em contato direto com o emissor, o redator, mas somente com o texto. Entre ambos há uma diferença de situação, eventualmente de cultura e época. Dirigido a um leitor (ouvinte), o texto é recebido dentro das categorias de seu receptor, de sua capacidade de decifrar os sinais linguísticos nos modos de expressão empregados, de sua bagagem cultural, seu contexto histórico e social, além de características próprias de sua personalidade (sensibilidade, capacidade intelectual, momento existencial).

Enquanto codificação escrita, o texto é em si mesmo uma realidade objetiva, que oferece pontos referenciais e impõe limites à leitura e interpretação; mas é também uma realidade aberta (dentro dos limites que a linguagem impõe), a ser apropriada pelo leitor dentro das possibilidades de sentido que oferece. Ele é lido, compreendido (em sua dimensão objetiva) e interpretado (em sua capacidade de significação), porém, por um sujeito ativo, que o decodifica e dele se apropria.

No processo de comunicação entre texto e leitor, há assim duas dimensões intrinsecamente relacionadas: de um lado, os limites que o texto apresenta e que implicam a necessidade de abertura, por parte do leitor, a suas coordenadas; de outro lado, a apropriação que dele faz o leitor e que confere ao texto uma carga de significado. O papel do leitor é, então, fundamentalmente triplo: (1) atentar aos sinais do texto, abrindo-se ao sentido que querem comunicar; (2) explicar o texto (possibilidades de sentido que os sinais linguísticos organizados de uma determinada

16   EXEGESE BÍBLICA: TEORIA E PRÁTICA

maneira oferecem); e (3) interpretar o texto, aproximando-o de seu mundo e momento.¹

Época   distância   outra época
cultura   ———————————————→ outra cultura
situação   outra situação

A leitura, compreensão e interpretação de um texto consistem em reconstruir o evento comunicativo que lhe deu origem. Supõem, assim, conhecimento da situação em que foi formulado o texto e dos recursos linguísticos utilizados para sua colocação por escrito.

A relação entre o receptor e o texto põe em jogo alguns elementos.

- *Primeiramente*, quanto ao mundo do leitor: a necessidade de avaliar as pré-compreensões que podem influenciar a compreensão do texto. Para compreender um texto, é necessário haver um mínimo de sintonia entre leitor e texto. Sem ela, dificilmente se atingem a intenção, a finalidade que o texto apresenta e o mundo de ideias que ele pressupõe. Esta *sintonia* básica significa abertura ao que o texto quer comunicar, dentro de suas categorias de pensamento.

- *Em segundo lugar*, quanto aos critérios para verificação do mundo do texto e sua validade para o leitor. O texto traz implícito um leitor ao qual se dirige: as competências linguísticas, culturais, ideológicas, que são pressupostas naquele ao qual se dirige. Ao mesmo tempo, ele quer influenciar seu leitor. Na compreensão e interpretação de um texto é importante perceber a quem ele se dirige e que tipo de leitor ele quer formar.

---

¹ Sobre este ponto, cf. W. Egger, *Metodologia do Novo Testamento*, São Paulo, Loyola, 1994, p. 23-41.

- *Finalmente*, a questão do sentido do texto, que constitui o *centro da hermenêutica*. Um texto pode oferecer mais sentidos do que aqueles pensados por seu autor. Estes sentidos, embora presentes no próprio texto (o que ele expressa servindo-se do código linguístico e dos dados culturais), são também construídos na etapa da interpretação, que extrai do texto suas potencialidades. Estes sentidos são encontrados pela exegese, que procura compreender o mundo do texto e que o interpreta, aproximando reciprocamente o mundo do texto e o mundo do leitor. A questão que se coloca é então quanto ao estabelecimento de critérios para as etapas de compreensão e interpretação.

2.2 Coordenadas para a exegese bíblica

No que tange à exegese bíblica, além dos dados indicados, duas ulteriores questões se apresentam: (1) a questão do caráter sagrado da Escritura, ou seja, de ser palavra da Revelação divina; (2) a da complexidade da Bíblia enquanto conjunto unitário de textos. No que tange ao segundo ponto, a Bíblia apresenta grande multiplicidade de escritos e de gêneros de escritos, fixados no decorrer de um largo processo, num arco de tempo que percorre vários séculos, com variações de cultura e linguagem; no entanto, ela é simultaneamente um único livro, de modo que surge a pergunta sobre como coordenar diversidade e unidade. Em relação ao primeiro aspecto, se a Escritura é comunicação de Deus ao ser humano, levanta-se a pergunta sobre como coordenar Palavra divina e palavras humanas. A partir disso, na exegese bíblica torna-se necessário considerar alguns elementos fundamentais.

a) A relevância da noção de inspiração[2]

A fé cristã, seguindo a tradição judaica, retém que a Escritura não é fruto unicamente do intelecto e do querer humano, mas

---

[2] Seguimos aqui, fundamentalmente, as colocações de G. Borgonovo, "Una proposta di rilettura dell'ispirazione biblica dopo gli apporti della Form-

foi escrita sob a especial condução de Deus, de modo a expressar com fidelidade, certeza e sem erro a Palavra que Deus quer comunicar.[3] É o que se chama a "inspiração" divina da Escritura. Não se trata de um ditado palavra por palavra, onde o ser humano servisse apenas como instrumento passivo para pôr por escrito o que Deus como que se lhe soprasse ao ouvido. Nem da aprovação divina da obra de um determinado autor. Nem mesmo de uma assistência que se limitasse a impedir que, durante o ato de escrever, o autor cometesse erros.[4] Trata-se, na realidade, da particular confluência da ação de Deus e do ser humano, onde Deus comunica sua Palavra ao homem e ele, com todas suas características pessoais, sua cultura, seu modo de ser, compreende, decide pôr por escrito e finalmente escreve o que sua mente, à luz de Deus, concebeu. Em todos estes momentos está presente a ação especial de Deus, sem o que se correria o perigo, da parte do escritor humano, de ou não compreender corretamente o que Deus comunica, ou de não haver a decisão de escrever ou ainda de que isso fosse feito de modo inapto, não expressando o que Deus comunicara.[5] Por esta conjunção entre o agir divino e o

---

e Redaktionsgeschichte", in *L'Interpretazione della Bibbia nella Chiesa*. Atti del Simposio promosso dalla Congregazione per la Dottrina della Fede, Roma, settembre 1999, Città del Vaticano, Editrice Vaticana, 2001, p. 41-63.

[3] Cf. Concílio Vaticano II, Constituição dogmática *Dei Verbum* (abreviada doravante como *DV*), Roma, Editrice Vaticana, 1965, 11, § 2.

[4] Sobre estas concepções errôneas, cf. V. Mannucci, *Bíblia e Palavra de Deus*, São Paulo, Paulinas, 1985, p. 173-175; Martini, C. M.; Bonatti, P. *Il Messaggio della Salvezza*. Introduzione generale, Leumann (Torino), Elle Di Ci, 1990, p. 59-66.

[5] Sobre estes três momentos do evento da *inspiração bíblica*, cf. Leão PP. XIII, Encíclica *Providentissimus Deus* (1893), n. 46: *Enchiridion Biblicum. Documenti della Chiesa sulla Sacra Scrittura. Edizione bilingue*, Bologna, Dehoniane, 1993, n. 125: "Porque Ele de tal maneira os excitou e moveu com seu influxo sobrenatural para que escrevessem, de tal maneira os assistiu enquanto escreviam que eles conceberam retamente tudo e só o que Ele queria, e o quiseram fielmente escrever, e o expressaram de modo apto como verdade infalível; se assim não fosse, Ele não seria o autor de toda a Sagrada Escritura".

humano, a Escritura é toda Palavra de Deus expressa toda ela em palavras humanas, de modo que Deus é o Autor último e principal; o hagiógrafo, porém, é também "verdadeiro autor".[6]

Na *origem* do texto bíblico está, por conseguinte, *Deus* que se autocomunica. Comunica-se a alguém que vive a experiência de receber a palavra divina. Não se trata necessariamente de uma palavra audível, mas da iluminação da mente, de modo que o ser humano concebe em seu intelecto o que Deus a ele comunica. O *ser humano* acede, assim, à revelação, a algo anteriormente não conhecido e não experimentado – ou não conhecido e experimentado do modo como agora é percebido; torna-se disso *testemunha* e traduz, em linguagem humana, a revelação. A testemunha atesta o que experimentou, o que "viu" e "ouviu" (cf. Jo 1,1-4), comunicando-o a outros. Aqueles que recebem sua palavra, atestam-na como verdadeira e, aceitando-a, podem tornar--se, por sua vez, transmissores desta palavra (nesse sentido, são *discípulos*). Eles percebem a palavra do mestre como algo que transmite a vontade de Deus (e, nesse sentido, Palavra divina), confiam na veracidade e na autoridade da testemunha e por isso a comunicam. Ao aceitarem a mensagem como consoante à vontade divina, os discípulos dependem da testemunha para chegar à autocomunicação de Deus. Mas não são totalmente passivos, pois, para penetrar em seu sentido, devem reviver, de certa forma, a experiência do mestre. Tornam-se então novos transmissores da mensagem, inclusive em outros momentos, diferentes do momento e da situação da testemunha. Este caminho pode ser mais ou menos longo, partindo da comunicação oral (caso a testemunha nada tenha escrito) e chegando à colocação por escrito (possivelmente, de início de modo fragmentário), com possíveis reelaborações. Na colocação por escrito entra a especial ação de Deus que inspira o(s) autor(es).

Ao se deparar com o texto bíblico, o leitor deve percorrer o caminho inverso, que vai do texto inspirado até a autocomunicação de Deus. Aceita o escrito como confiável e, através dele,

---

[6] Cf. *DV* 11, § 1.

deve chegar à revelação divina. Nem sempre poderá reconhecer os transmissores desta palavra, seja a sucessão dos discípulos que ouviram e escreveram, seja o testemunho do mestre. O texto adquire uma valência independente daqueles que o colocaram por escrito e se torna o intermediário entre o leitor e a Palavra originária de Deus.

Para o trabalho exegético, este processo chama em causa dois dados:

- É necessário afrontar o texto na configuração em que foi recebido pela comunidade de fé na qual foi formulado,[7] considerando o sistema linguístico utilizado e o modo como o foi, bem como as pressuposições de ordem histórica, cultural, religiosa. Tal configuração é a primeira porta de acesso à comunicação originária de Deus.

- É igualmente necessário chegar a identificar a Palavra divina expressa nas palavras humanas. O trabalho filológico e histórico não é suficiente para a compreensão e interpretação, pois o texto não é só humano.

Em outras palavras, trata-se de, através da face humana do texto, chegar à Palavra divina. Palavras humanas e Palavra divina são como que duas faces de uma mesma moeda:

> o intérprete da Sagrada Escritura, para saber o que Ele quis comunicar-nos, deve investigar com atenção o que os hagiógrafos realmente quiseram significar e que aprouve a Deus manifestar por meio das suas palavras (*Dei Verbum*, 12, § 1).[8]

---

[7] Devem ser verificadas, naturalmente, as variantes introduzidas no processo de cópia, julgando-se seu valor e determinando o que seria o texto mais próximo ao original – o que é tarefa da *crítica textual*.

[8] Texto original latino: "interpres Sacrae Scripturae, ut perspiciat, quid Ipse nobiscum communicare voluerit, attente investigare debet, quid hagiographi reapse significare intenderint et eorum verbis manifestare Deo placuerit".

"Investigar... o que os hagiógrafos realmente quiseram significar" com as palavras, com o texto produzido; e chegar ao que, através dessas palavras, Deus "manifestou": são os dois aspectos fundamentais que a exegese traz em si.

No trabalho exegético é preciso, por conseguinte, considerar os momentos constitutivos da palavra: a Revelação, o Testemunho, a Escritura, independentemente se estes são ou não próximos entre si no tempo. O objeto último da exegese é, assim, a experiência da testemunha e seu significado. Seu trabalho crítico é desenvolvido sobre a interpretação da experiência, mas não mais sobre o evento originário, que escapa à investigação histórica. Este só é atingido através do testemunho enquanto transmitido. Por isso, o aspecto salvífico (concernente à fé) da mensagem transmitida não pode ser objeto da crítica histórica.[9] Como então chegar à autocomunicação de Deus, será considerado mais à frente.

b) A Escritura como momento da Tradição e a *Regula fidei*

A ideia de tradição é essencial à fé cristã, pois esta tem origem num dado histórico do passado – a vida e a obra de Jesus de Nazaré –, que não é concebido como ultrapassado, mas como constitutivo para o conteúdo da fé e sua expressão no mundo. Já a fé judaica, contudo, estava marcada pela tradição, uma vez que vivia de dados fundantes do passado (a escolha de um povo, o êxodo, a posse da terra), que sintetizavam sua fé (cf. Dt 6,20-23; 26,5-9; Js 24,1-13) e permitiam vivenciá-la no presente e em vista do futuro.

A tradição inclui a doutrina, a vida, o culto,[10] transmitidos como pilares que garantem a identidade da comunidade de fé através das épocas. Por um lado, ela é anterior à Escritura e lhe dá origem. A Escritura, de fato, é a colocação por escrito, sob a inspiração divina, da experiência fundante de testemunhas, recebida e transmitida por discípulos até sua paulatina codificação escrita.

---

[9] Cf. G. Borgonovo, "Una proposta di rilettura dell'ispirazione biblica", p. 57.

[10] Cf. *DV* 8, § 1.

Por outro lado, a Escritura não traz o elenco dos livros considerados inspirados nem discerne o que é ou não escrito sagrado. É a tradição que o faz.[11] Por fim, é ela que transmite a Revelação divina, particularmente a Escritura, dos seus primórdios e de época em época. Sem ela, a Escritura não teria chegado até nós com seu valor sagrado; poderia somente ser reconhecida como um livro (talvez de grande valor) de uma cultura antiga. A tradição acompanha, portanto, a Escritura, de modo que ambas se encontram intimamente interligadas e uma sem a outra não subsiste.[12]

A importância da tradição não decorre somente de pressupostos de fé, mas é postulada já pela experiência humana. Como um texto é sempre resposta a questões de uma determinada época, para compreendê-lo o intérprete deve entrar no "mundo" do texto. Ao mesmo tempo, a leitura posterior está necessariamente marcada pelos dados e questões da época do leitor, de modo que, na compreensão, se dá uma "fusão de horizontes": do leitor e da obra.[13] Dessa maneira, um mesmo texto pode ser compreendido e interpretado – dentro dos limites que ele mesmo impõe – de formas diferentes, conforme variem os elementos que, na época posterior, são considerados relevantes para a compreensão. O leitor é elemento ativo na recepção e interpretação de um texto, de modo que o sentido de um texto não depende somente dele mesmo, mas da leitura sucessiva. A leitura sucessiva torna o texto vivo, capaz de falar também para épocas subsequentes à sua fixação escrita. A tradição posterior ao texto é constituída por esse movimento que precede o leitor e que continuará depois dele. Está, por isso, em contínuo crescimento e transformação.[14]

---

[11] Afirma a *DV* 8, § 3: "Mediante a mesma Tradição, conhece a Igreja o cânon inteiro dos livros sagrados".

[12] Sobre a Tradição e sua relação com a Escritura na *Dei Verbum*, cf., dentre outras obras, o estudo clássico de R. Latourelle, *Teologia da Revelação*, São Paulo, Paulinas, 1985, p. 387-395.

[13] Cf. H.-R. Jauss, *Pour une esthétique de la réception*, Paris, Gallimard, 1978, p. 58.

[14] Sobre o tema da tradição, particularmente do ponto de vista filosófico e sua aplicação à exegese bíblica, cf. A.-M. Pelletier, *D'âge en âge les*

No que concerne à interpretação dos textos bíblicos, isto significa que o trabalho exegético não pode desconsiderar os efeitos que o texto produziu, durante os séculos, na leitura crente.[15] Já a leitura da Escritura nos primeiros tempos da Igreja se fazia tendo em conta, como algo natural, a compreensão dela pelas gerações anteriores.[16] A partir dessa visão, interpretar um texto significava torná-lo palavra viva para a geração atual e percebê-lo dentro da comunhão diacrônica dos fiéis. A Tradição vem, assim, integrada na procura do sentido do texto, enquadrando-se no processo que visa desvendar as virtualidades que o texto possui e desenvolvê--las na busca de resposta para as questões das diferentes épocas.

Tal atenção à comunidade eclesial não significa, porém, igualar todas as interpretações feitas, mas inclui avaliá-las, distinguindo aquelas mais aderentes ao texto e à sua colocação em contexto de fé, daquelas que disto se afastam. Inclui, portanto, o critério da medida da fé (regula fidei), que a Escritura testemunha e com a qual não pode, portanto, encontrar-se em contradição. Como instância divinamente privilegiada de garantia da fidelidade à fé das origens existe, na Igreja Católica, o Magistério, que está a serviço da Palavra de Deus.[17] Porém, mesmo em outras igrejas cristãs existe algo análogo, no sentido que uma interpretação

---

Écritures. La Bible et l'hermeneutique contemporaine, Bruxelles, Lessius, 2004, p. 115-136, aqui, especialmente p. 125-126.

[15] A chamada *Wirkungsgeschichte*. Sobre a importância da leitura que acompanha o sentido do texto, cf. A.-M. Pelletier, *D'âge en âge les Écritures*, p. 131-133.

[16] Tal modo de ler não era uma completa novidade, mas continuava o que já se fazia na comunidade judaica e que continuou a ser feito posteriormente: a tradição escrita (a Bíblia judaica) era acompanhada da tradição oral (o ensinamento e interpretação dos mestres, posteriormente também postos por escrito).

[17] O Magistério, afirma a *Dei Verbum*, "não está acima da Palavra de Deus, mas sim ao seu serviço, ensinando apenas o que foi transmitido, enquanto, por mandato divino e com a assistência do Espírito Santo, a ouve piamente, a guarda religiosamente e a expõe fielmente, haurindo deste depósito único da fé tudo quanto propõe à fé como divinamente revelado" (*DV* 10, § 2).

bíblica fortemente destoante do conteúdo da fé professada por uma dada comunidade pode levar a uma ruptura tal que expresse uma real separação. Ou seja, é sempre necessária uma sintonia no essencial.

Em outras palavras, a interpretação eclesial é "critério fundamental da hermenêutica bíblica".[18] A referência à Igreja é inerente à exegese dos textos bíblicos, pois é a Igreja que reconhece a Escritura como palavra divina e a Escritura é livro da Igreja, a ela pertence. A Igreja é capaz de interpretar a Escritura porque tem a garantia da condução do Espírito Santo. Como a Escritura expressa a fé do Povo de Deus, só pode ser compreendida em referência a este Povo em sua totalidade, à grande Igreja, que de Deus recebe a revelação e que por ela se deve guiar. A regra de fé, estreitamente ligada à comunidade de Fé, se constitui assim pressuposto necessário para o entendimento das Escrituras.[19]

c) A Escritura como testemunha da única Palavra de Deus

Apesar de apresentar grande multiplicidade de autores e épocas dos diversos escritos, a própria Escritura apresenta indícios de, já em épocas antigas, unir elementos distintos. O Pentateuco, com suas multíplices tradições ou fontes, colocadas e retrabalhadas em vista do conjunto, é disto um exemplo. A própria colocação de livros distintos num todo (cf. o Prólogo do livro do Sirácida, 1) testemunha em favor deste dado. A Escritura não é só um agrupamento de livros, mas um todo orgânico. Essa unidade, apesar da pluralidade de escritos, é dada pelo seu conteúdo – a revelação de Deus acerca de si mesmo e da vocação e do destino do ser humano[20] –, ligado ao seu Autor principal, Deus. Como consequência, a compreensão de um texto bíblico não encontra a totalidade de sentido a não ser que o texto seja considerado, primeiramente, no contexto imediato e no livro particular do qual

---

[18] Cf. Bento XVI, Exortação apostólica *Verbum Domini*, sobre a Palavra de Deus na vida e na missão da Igreja (Roma, Editrice Vaticana, 2010), 29.
[19] Cf. *Verbum Domini*, 29-30.
[20] Cf. *DV* 2.

faz parte, mas ainda no contexto maior, a Bíblia em seu conjunto. Como só o conjunto de uma obra fornece a moldura que permite compreender e interpretar adequadamente uma de suas partes ou seus elementos individuais, assim cada texto bíblico, em sua singularidade, só pode ser apreendido em seu significado completo se considerado na totalidade da Revelação divina, a Sagrada Escritura (junto com a Tradição eclesial).

Isto ganha uma dimensão especial para a fé cristã, na medida em que a Escritura cristã une num único conjunto o Antigo e o Novo Testamento. O Antigo Testamento apresenta um valor perene, enquanto caminho para uma meta e enquanto expressão do mesmo mistério e plano de Deus, levado à plena realização em Cristo.[21] Sendo Jesus o ponto máximo da revelação de Deus, toda a Escritura tem nele sua chave de interpretação; a escolha de Israel e toda a história de Deus com seu povo são, nele, plenamente compreendidas. A leitura que considera os textos dentro do contexto total da Escritura é, nos últimos anos, identificada com a *abordagem canônica*.[22]

Em síntese

Os três elementos acima (a importância da noção de inspiração, a Tradição e a *regula fidei* e a unidade da Palavra de Deus) são sintetizados na *Dei Verbum*:

> não menos atenção se deve dar, na investigação do reto sentido dos textos sagrados, ao contexto e à unidade de toda a Escritura, tendo em conta a Tradição viva de toda a Igreja e a analogia da fé (*DV* 12, § 3).[23]

---

[21] Cf. *DV* 14. 15. Sobre a unidade entre Antigo e Novo Testamento, cf. o capítulo 2 desta primeira parte.

[22] Cf. o excurso no final deste capítulo.

[23] Texto latino: "ad recte sacrorum textuum sensum eruendum, non minus diligenter respiciendum est ad contentum et unitatem totius Scripturae, ratione habita vivae totius Ecclesiae Traditionis et analogiae fidei".

Estes três elementos têm por finalidade encontrar o sentido que o Espírito Santo inspirou e possibilitam ao leitor atual ler a Escritura neste mesmo Espírito.[24]

Em esquema, o caminho da exegese:

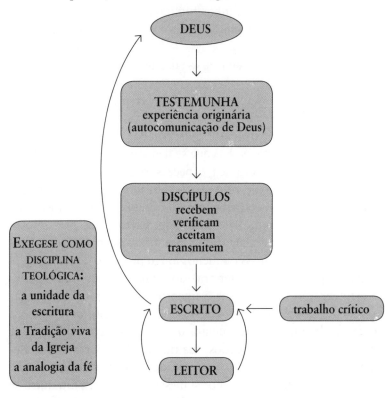

3. O escopo da exegese bíblica

As considerações acima evidenciam que a exegese bíblica é uma disciplina que conjuga dois polos: teológico (eclesial) e científico. É uma disciplina eclesial, enquanto consiste em compreender os textos bíblicos dentro da tradição da fé, apresentando seus

---

[24] Cf. *DV* 12, § 3.

resultados à comunidade eclesial. É uma disciplina científica, enquanto deve ser efetivada tendo em conta uma metodologia cientificamente controlável, que consiga desvendar sua face humana.

A natureza dos textos bíblicos e os princípios hermenêuticos apontados acima traçam linhas fundamentais a serem consideradas ao se delinear uma metodologia exegética adequada ao seu objeto:

a) Como a revelação de Deus se deu na história, o método empregado deve considerar os textos em seu momento no processo de revelação. Isto exige que seja utilizada a perspectiva diacrônica na leitura, compreensão e interpretação dos textos. Esta tem por finalidade entender o que os textos quiseram dar a conhecer na época em que foram compostos. É o que se denomina *sentido literal*.

A perspectiva diacrônica é necessária, na medida em que elementos linguísticos e culturais localizados num momento determinado exigem o conhecimento da língua e dos costumes da época a que se referem. Por outro lado, partindo do pressuposto que os textos bíblicos chegaram à sua formulação canônica, normalmente, após um mais ou menos longo processo de elaboração, e que tal processo pode ter trazido alguma obscuridade quanto à integração dos diversos elementos, pode ser útil investigar também a gênese dos textos. Essa análise, porém, deve servir a compreender melhor os elementos que ficariam sem explicação se não fossem assim investigados; sua finalidade é, portanto, de elucidar melhor o sentido que o texto adquiriu em sua formulação final. Ela não tem interesse por si mesma, a não ser para quem se proponha a investigar a história. Para o intérprete da Escritura ela está em função da compreensão do texto.

Devido ao caráter histórico da revelação, portanto, a determinação do sentido literal "com a maior exatidão possível" é a "tarefa principal da exegese",[25] sem, no entanto, esgotá-la.[26]

---

[25] Pontifícia Comissão Bíblica, *A interpretação da Bíblia na Igreja*, Roma, Editrice Vaticana, 1993, II, B, 1.

[26] É *uma* das finalidades da exegese bíblica: cf. "Divino Afflante Spiritu", in *Enchiridion Biblicum*, n. 560.

b) Em virtude do caráter sagrado dos textos bíblicos, a exegese não pode restringir seu trabalho à análise da palavra humana, mas, através desta análise, visa chegar a apresentar a Palavra de Deus transmitida no texto de estudo. Visa explicar a Sagrada Escritura, esclarecendo seu sentido como Palavra de Deus dirigida atualmente à humanidade.[27] Se a Palavra de Deus é sempre atual (cf. Is 40,8; 1Pd 1,25), o trabalho exegético deve ser capaz de apresentá-la não como palavra do passado, mas Palavra viva, capaz de interpelar as circunstâncias e as culturas atuais. Para tanto, deve ter em mente perspectivas hermenêuticas que permitam atualizar adequadamente a Palavra, perspectivas que sejam abertas à dimensão da fé.[28]

A partir daí se entende que a exegese tem como escopo final chegar ao sentido do texto bíblico, considerada sua dimensão teológica, que, a partir dos princípios enunciados pela *Dei Verbum* (cf. n. 12, § 3), comporta três aspectos: a Escritura como unidade, sua dimensão cristológica e seu alcance eclesial.[29] Na perspectiva cristã, é Cristo a chave hermenêutica da Escritura. Por isso, para além da consideração do contexto histórico, social, cultural, é necessário considerar o novo contexto dado pela Revelação em Jesus Cristo e que pode ser compendiado no *mistério pascal*. É a luz do mistério pascal que permite evidenciar tanto os aspectos transitórios como a dimensão de revelação que uma passagem bíblica aporta.[30] Unido a este aspecto está a consideração de que os textos bíblicos foram redigidos em e para comunidades de fé, de Israel, para o Antigo Testamento, e para a comunidade cristã, para o Novo Testamento e para o Antigo, assumido este, então, como Escritura cristã. É relevante que a exegese chegue a

---

[27] Cf. Pontifícia Comissão Bíblica, *A interpretação da Bíblia na Igreja*, III, C, 1.

[28] Cf. *Verbum Domini*, 35.

[29] Cf. Pontifícia Comissão Bíblica, *A interpretação da Bíblia na Igreja*, III, C, 1; Bento XVI, *Verbum Domini*, 34.

[30] Cf. Pontifícia Comissão Bíblica, *A interpretação da Bíblia na Igreja*, II, B, 2; Bento XVI, *Verbum Domini*, 37-38.

PRESSUPOSTOS HERMENÊUTICOS | 29

considerar como um texto expressa a fé da comunidade eclesial e como é fator de crescimento dessa fé.

Com isso, evidencia-se a finalidade da exegese bíblica. Tendo por objeto de estudo uma realidade que é a Palavra de Deus expressa em palavras humanas, ela abarca, por sua natureza própria, esses dois âmbitos. Buscando realizar tal escopo, a exegese bíblica se torna realmente "uma tarefa de Igreja, pois ela consiste em estudar e explicar a Santa Escritura de maneira a colocar todas as suas riquezas à disposição dos pastores e dos fiéis".[31]

Excurso
A abordagem canônica

Muito valorizada em alguns âmbitos de estudo exegético, surgiu, nas últimas décadas, a *leitura canônica*. Não foi formulada como um método propriamente dito, mas como uma perspectiva particular a ser considerada na leitura e interpretação.

A abordagem canônica reúne diversos modos de interpretar um texto,[32] unificados pelo interesse de lê-lo não somente como unidade independente, mas considerando sua função na Bíblia como conjunto de livros aceito por uma comunidade de fé (o cânon). Tomou duas formas principais:[33]

a) a que visa ler um texto dentro do cânon e considerando a relação entre suas diversas partes[34] – o que significa, de um

---

[31] Pontifícia Comissão Bíblica, *A interpretação da Bíblia na Igreja*, III, C.

[32] Cf. P. Bovati; P. Basta, *Ci ha parlato per mezzo dei profeti. Ermeneutica bíblica*, Cinisello Balsamo (Milano), Roma, San Paolo, Gregorian & Biblical Press, 2012, p. 264-265.

[33] Cf. A. G. Hunter, "Canonical Criticism", in R. J. Coggins; J. L. Houlden (org.), *A Dictionary of Biblical Interpretation*, London, SCM Press, 1994, p. 105-107; G. T. Sheppard, "Canonical Criticism", in D. N. Freedman, *The Anchor Bible Dictionary*, v. 1, New York, Doubleday, 1992, p. 861-866.

[34] B. S. Childs, *Biblical Theology in Crisis*, Philadelphia, The Westminster Press, 1970; *Introduction to the Old Testament as Scripture*, London,

lado, que, para sua interpretação, é necessário considerar não só o livro em que se encontra, mas ainda o Testamento em que se localiza e a Bíblia como um todo; e, de outro, que o texto final já traz em si anteriores releituras e interpretações da comunidade de fé;

b) a que visa compreendê-lo dentro do processo de desenvolvimento das tradições que levaram à atual formulação do cânon: como tradições foram reinterpretadas (mesmo com diferenças) e postas por escrito sucessivamente pela comunidade de fé, sendo por fim aceitas como canônicas.[35]

Com o passar dos anos, no entanto, essa abordagem assumiu preponderantemente o significado de ler um texto no conjunto da Escritura.[36] A abordagem canônica mostra-se necessária na medida em que a Escritura não é um simples conglomerado de textos, mas um conjunto que tem em si um fio condutor. No entanto, cumpre primeiramente definir qual o cânon de referência (judeu, cristão – de qual Igreja...?). De outro lado, é necessário levantar a questão metodológica: como realizar a finalidade a que se propõe. Certamente, não pode ser identificada com a abordagem canônica uma leitura subjetiva ou fundamentalista, que aproximasse textos a partir de modelos e sistemas prévios, que não respeitassem a lógica própria das passagens em questão e da Escritura em seu

---

SCM Press, 1979; *Old Testament Theology in Canonical Context*, Philadelphia, Fortress Press, 1985.

[35] J. A. Sanders, *Torah and Canon*, Philadelphia, Fortress, 1972; *Canon and Community*, Philadelphia, Fortress, 1984; "Scripture as Canon in the Church", in *L'Interpretazione della Bibbia nella Chiesa. Atti del Simposio promosso dalla Congregazione per la Dottrina della Fede*, Roma, Editrice Vaticana, 1999, p. 121-143.

[36] Cf. O. Artus, "La Lecture canonique de l'Écriture – Une nouvelle orientation de l'exégèse biblique", *Communio* (francesa) 37 (2012) 75-85. O Papa Bento XVI assim se expressa: "interpretar o texto tendo presente *a unidade de toda a Escritura*; isto hoje se chama exegese canônica" (*Verbum Domini*, n. 34). Cf. ainda o n. 57.

PRESSUPOSTOS HERMENÊUTICOS 31

todo. Nesse sentido, a contribuição de metodologias diacrônicas pode evitar simplificações inadequadas, por oferecer dados para uma mais bem ponderada aproximação de textos, sem que se jam eliminadas as diferenças porventura existentes entre eles.[37] Em outras palavras, cumpre tematizar de modo explícito os critérios de uma justa abordagem canônica: que considere o texto canônico como autoridade, mas ainda reflita sobre o processo de formação dos textos, particularmente sob a ótica das comunidades de fé que o receberam e transmitiram até sua constituição final. Três perspectivas podem auxiliar a evitar leituras canônicas simplistas:[38] considerar o texto como um todo, sem pinçar indevidamente frases ou palavras; dar a devida atenção ao aspecto histórico do texto: o contexto extratextual que reflete e os elementos religiosos, culturais, sociais que lhe estão subjacentes; por fim, considerar os valores religiosos da comunidade de fé que o recebeu e atualmente recebe.

A atenção aos aspectos históricos, culturais, religiosos do mundo do texto e da sua progressiva colocação por escrito auxilia não só a compreender o que o texto aceitou ou rejeitou em seu processo de formação, mas ainda a entender sua formulação última. Por outro lado, o uso de terminologia recorrente (ou do mesmo campo semântico) e a presença de temáticas afins nos diversos textos que se considera serem relacionados são critérios úteis para evitar o subjetivismo. Enfim, a observância dos princípios enunciados em *Dei Verbum* 12 fornece a moldura que evita interpretações que se desviem da finalidade última da Escritura.

---

[37] Cf. as observações críticas de H. Simian-Yofre, "Possibilità e limiti dell'interpretazione 'canonica' della Bibbia", *Rivista Biblica* 56 (2008) 157-175; especialmente p. 159-160. 165. 167.

[38] Cf. H. Simian-Yofre, *Amos*, Milano, Paoline, 2002, p. 25-26.

EXEGESE BÍBLICA: TEORIA E PRÁTICA

CAPÍTULO 2

ASPECTOS PARTICULARES DA EXEGESE CRISTÃ: A ESCRITURA, UM ÚNICO TODO

A Sagrada Escritura, para os cristãos, é um único livro, embora composto de dois "testamentos": Antigo e Novo.[1] Ainda que o Novo Testamento identifique especificamente a comunidade cristã, distinguindo-a da judaica, a Igreja cristã, desde os primeiros séculos, considerou como sagradas as escrituras judaicas e sempre rejeitou as tentativas de reduzir a Escritura ao Novo Testamento. O Antigo Testamento faz parte da Escritura

---

[1] Nos últimos anos, sobretudo em vista do diálogo com a comunidade judaica, tem-se preferido falar de "Primeiro Testamento" em vez de "Antigo Testamento". O Documento de 2001 da Pontifícia Comissão Bíblica toca o assunto e sublinha que a expressão, cunhada por Paulo, para referir-se à escritura de Moisés (cf. 2Cor 3,14), é bíblica e não carrega a ideia de desvalorização: "Definindo as Escrituras do povo judeu 'Antigo Testamento', a Igreja não quis de nenhum modo sugerir que estivessem superadas e que se pudesse descurá-las. Ao contrário, sempre afirmou que Antigo e Novo Testamento são inseparáveis" (Pontifícia Comissão Bíblica, *O povo hebraico e suas Sagradas Escrituras na Bíblia Cristã*, Roma, Editrice Vaticana, 2001, n. 19; cf. também n. 37). Paralelamente, em alguns ambientes iniciou-se o uso de "segundo testamento" em lugar de "Novo Testamento". Tal expressão, no entanto, não dá conta do conceito neotestamentário, onde "novo" não tem simplesmente conotação cronológica, mas especificamente qualitativa (cf. 2Cor 3,16).

inspirada aceita pelos cristãos, considerado, porém, à diferença da visão judaica, como parte e não totalidade. A apropriação das escrituras judaicas pela visão cristã exigiu, como fator intrínseco, no entanto, que elas fossem relidas a partir do Evangelho, da mensagem de Jesus, confessado como Messias, Deus e Salvador. Tal perspectiva levanta a questão da relação entre Antigo e Novo Testamento e da leitura do Antigo Testamento dentro da nova visão cristológica. A compreensão dessa relação é tão essencial para a interpretação de ambos os Testamentos que "os próprios fundamentos do Cristianismo estão aqui em discussão".[2]

1. Traços da história da questão

1.1 Os dados do Novo Testamento

Tendo a fé cristã surgido no seio do Judaísmo, foi natural que por ela fossem aceitos aqueles escritos considerados sagrados por este último e que se lhe tornaram, por isso, particularmente normativos. O Novo Testamento atesta amplamente a importância que o Antigo teve para as gerações cristãs. O Antigo Testamento era então, sem que houvesse dúvidas, antes ainda de se configurar o Novo Testamento, escritura sagrada.[3]

O Novo Testamento demonstra que os escritos veterotestamentários foram utilizados de diferentes maneiras pelos primeiros cristãos.[4] Encontram-se textos que, em variadas formas, se concentram na pessoa de Jesus:

a) Jesus como *realização do Antigo Testamento*. Um exemplo é o uso de Dn 7,13-14 (a expressão "filho do homem":

---

[2] J. Ratzinger, Prefácio ao documento da Pontifícia Comissão Bíblica, *O povo hebraico e suas Sagradas Escrituras na Bíblia Cristã*.

[3] Cf. Mc 12,24; Jo 20,9; Rm 1,2; 1Cor 15,3-4; 2Tm 3,16; 1Pd 2,6; 2Pd 3,16; Tg 2,23. Cf. ainda P. Grech, "Il problema ermeneutico del secondo secolo", in *Ermeneutica e teologia biblica*, Roma, Borla, 1986, p. 111.

[4] Cf. M. Simonetti, *Lettera e/o Allegoria. Un contributo alla storia dell'esegesi patristica*, Roma, Institutum Patristicum Augustinianum, 1985, p. 19-25.

cf. Mc 14,62); ou ainda do Sl 22 no contexto da paixão (Sl 22,8.9.19 e Mt 27,39.43.35) e do Sl 16 como argumento em favor da ressurreição (cf. At 2,25-31).

b) Jesus como *reinterpretação do Antigo Testamento*, como demonstra o uso do Sl 69,22 aplicado a eventos da crucifixão (cf. Mt 27,34.48) e do Sl 110 a Jesus (cf. Mt 22,42-46; 26,54; Rm 8,34).

c) Jesus como *ápice da história salvífica*. O discurso de Estêvão em At 7 (cf. At 7,51-52) descreve, com referências ao Antigo Testamento, os pontos axiais do plano de Deus e coloca Jesus como ponto culminante. Igualmente o discurso de Paulo em Antioquia da Pisídia, ao afirmar, englobando todo o Antigo Testamento, que "a promessa feita aos pais, Deus a realizou plenamente para nós, seus filhos, ressuscitando Jesus" (At 13,32-33).

d) Jesus como *Filho de Deus feito homem*, numa consideração mais propriamente teológica. Aqui se coloca, por exemplo, o hino pré-paulino encontrado na Carta aos Filipenses (cf. Fl 2,6-11), que mostra a "condição divina" anterior à encarnação, indica sua permanência na vida histórica de Jesus e, por fim, iguala Jesus ao *Kýrios* do Antigo Testamento (cf. Fl 2,11; Is 45,23). De modo semelhante, na introdução da Carta aos Hebreus são citados numerosos textos do Antigo Testamento para fundamentar a superioridade do Filho em relação aos anjos (cf. Hb 1,1-14).[5]

Mas não só a pessoa de Jesus; também eventos cristãos foram relacionados com expectativas veterotestamentárias. Os fatos em torno da morte de Judas Iscariotes (cf. At 1,16-20), o evento de Pentecostes (cf. At 2,14-21), a justificativa para a missão entre os gentios (cf. At 13,46-47) são exemplos da aplicação imediata

---

[5]   Cf. Sb 7,25-26; Ex 24,16; Sl 2,7; 2Sm 7,14 e vários Salmos.

do Antigo Testamento a realidades vivenciadas pelos primeiros cristãos.

Por outro lado, embora textos do Antigo Testamento servissem como base para a reflexão, porque citados ou evocados de alguma maneira (cf. Mt 2,15; 27,43.48.52; 1Pd 2,6-10), diversas vezes se procura mostrar que, com Jesus Cristo, chega à plenitude o que fora anunciado no Antigo Testamento. As frases "para que se cumprisse", "assim se cumpriu a Escritura" ou semelhante (cf. Mt 1,22-23; Mc 15,28; Lc 4,21; Jo 19,24.28.36.37) demonstram essa íntima conexão.

Enfim, o reconhecimento da autoridade ao Antigo Testamento transparece claramente, quando ele é utilizado para dirimir questões, muitas vezes, inclusive, como argumento único (cf. Rm 9,25-29; 1Cor 1,19-20).[6] Paulo enfatiza, ainda, a ideia de que Deus, que escolheu Israel para a ele se revelar, não volta atrás e que, por isso, os dons feitos ao povo eleito não passam (cf. Rm 11,29); mesmo com o Evangelho, Israel mantém uma posição ímpar no plano de Deus (cf. Rm 9,4-5, que descreve os privilégios de Israel).

Em outra perspectiva, diante do pensamento judaizante, que relativizava a unicidade de Jesus como Salvador, em diversos escritos procurou-se também demonstrar a superioridade do Novo Testamento em relação ao Antigo. Elementos presentes no Antigo Testamento são assim apresentados como *tipos* para o que no Novo Testamento apareceria como *realidade* (cf. Rm 5,14: Adão; 1Cor 10,6.11: o Antigo Testamento foi exemplo para nós). Antigo e Novo Testamento são também colocados em paralelo contrastante: em 2Cor 3,6, opõe-se a letra que mata ao espírito que dá a vida; em Rm 2,28, a circuncisão da carne à circuncisão do espírito; em 2Cor 3,13, o véu que cobre o Antigo Testamento ao véu que, em Cristo, cai.

Em outras palavras, os próprios textos do Novo Testamento testemunham em favor da aceitação e adequada valorização do

---

[6] Cf. Pontifícia Comissão Bíblica, *O povo hebraico e suas Sagradas Escrituras na Bíblia Cristã*, n. 3-5.

Antigo Testamento. Para os primeiros cristãos estava em jogo não somente ler o evento cristão a partir do Antigo Testamento, mas reinterpretar o Antigo Testamento a partir de Jesus Cristo. Pois sua pessoa e sua missão, embora em grande parte completassem as expectativas antigas, as ultrapassavam, considerando-as num sentido não evidente sob a perspectiva judaica. Isto, em vez de eliminar o Antigo Testamento, o exigiu e colocou ambos os Testamentos em estreita união.[7]

1.2 O Cristianismo posterior

A época patrística continuou substancialmente a linha já presente nos escritos neotestamentários. Em diversas vertentes, porém.[8] Em virtude da oposição judaica à interpretação cristológica das Escrituras, que teve lugar em alguns ambientes, houve, de um lado, a consideração dos dados veterotestamentários em si mesmos, sem relacioná-los explicitamente com a mensagem evangélica. É o que demonstra, por exemplo, a Carta de Clemente aos Coríntios, que usa diretamente exemplos do Antigo Testamento para exortar à conversão e à unidade e para apresentar uma base para a ordem eclesial.[9] De outro lado, alguns autores não demonstraram grande atenção do Antigo Testamento, como Inácio de Antioquia (+ ca. 110), que raramente a ele se refere.[10] Outra vertente, em continuação com a linha de Paulo, mas agora com tendência alegorizante, aproxima Antigo e Novo Testamento, colocando-os em paralelo; o Antigo Testamento tem valor de

---

[7]   Cf. Pontifícia Comissão Bíblica, O povo hebraico e suas Sagradas Escrituras na Bíblia Cristã, n. 6-8.

[8]   Cf. M. Simonetti, Lettera e/o Allegoria, p. 25-29.

[9]   Cf. F. X. von Funk, Patres apostolici, v. 1, Tübingen, H. Laupp, 1901, 1,99-103; J. Quasten, Patrologia, v. 1, Madrid, BAC, 1984, p. 54.

[10] Deve-se atentar, contudo, que raramente os autores desta época tinham em mãos a "bíblia" completa. Provavelmente dispunham somente de um ou outro livro ou mesmo só tinham acesso a transcrições de algumas passagens com especial valor cristológico, mas retiradas de seu contexto (cf. P. Grech, "Il problema ermeneutico del secondo secolo", p. 113).

Aspectos particulares da exegese cristã

revelação, mas deve ser entendido espiritualmente.[11] Finalmente, somente em grupos que não foram assumidos dentro da ortodoxia cristã, houve a depreciação do Antigo Testamento: na leitura marcionita (do século II) e maniqueísta (século III a V) e em variadas leituras gnósticas.[12]

A tendência majoritária na época patrística lê o Antigo Testamento em perspectiva cristológica. No século II, os apologetas tendem a demonstrar a unidade entre os dois Testamentos. Para Justino (+ 165) e, mais tarde, para Ireneu (+ 202), por exemplo, o Verbo já falava no Antigo Testamento.[13] Frente à gnose, igualmente, procura-se demonstrar a continuidade entre Antigo e Novo Testamento, a partir do fato que é um mesmo Deus que se revela em ambas as etapas. Ganha aqui importância o tema da unidade da Escritura. A íntima relação entre os dois Testamentos e a leitura cristológica do Antigo será mantida em toda a época patrística e continuada, em geral, na Idade Média e Moderna. Mesmo a concepção de Lutero, embora opondo lei e evangelho, considerou em unidade Antigo e Novo Testamento.[14]

Nova perspectiva acerca desta questão surge somente a partir da segunda metade do século XVIII, quando, a par de defesas da unidade, surgem concepções que acentuam a descontinuidade.[15]

A unidade é defendida a partir de argumentos de várias naturezas. De uma parte, a ideia de que a revelação se dá em etapas que são sucessivamente substituídas leva a ver o Novo

---

[11] Assim a epístola do Pseudo-Barnabé: cf. J. Quasten, *Patrologia*, p. 94; P. Grech, "Il problema ermeneutico del secondo secolo", p. 114.

[12] Cf. J. Quasten, *Patrologia*, p. 266-267; M. Simonetti, *Lettera e/o Allegoria*, p. 29-37; P. Grelot, *Sentido cristiano del Antiguo Testamento*, Bilbao, Desclée De Brouwer, 1995, p. 47-49.

[13] Cf. P. Grech, "Il problema ermeneutico del secondo secolo", p. 112-114: são citados a Apologia de Justino (I, 63) e *Adversus Haereses* (IV, 8-10), de Ireneu.

[14] Cf., sobre os princípios dos reformadores sobre a leitura da Escritura: H. J. Kraus, *L'Antico Testamento nella ricerca storico-critica dalla Riforma ad oggi*, Bologna, Il Mulino, 1975, p. 15-43, especialmente p. 38-40.

[15] Sobre os dados que seguem, cf. H. J. Kraus, *La teologia biblica. Storia e problemática*, Brescia, Paideia, 1979, p. 353-367.

Testamento como ponto de uma linha que se inicia antes dele e, portanto, como dado que, sem o Antigo Testamento, não se explica (Johannes Coccejus, em obra de 1673). De outra parte, é aplicada à Escritura a ideia de "organismo", onde elementos distintos agem em harmonia (J. T. Beck, em obras de 1838, 1875 e 1886). Por fim, defende-se a ideia de que o Novo Testamento é cumprimento do Antigo, numa continuidade em meio a rupturas (G. T. Zachariä, em obras de 1771 e 1775; D. G. von Cölln, obra póstuma de 1836).[16] Outras concepções acentuarão as diferenças entre Antigo e Novo Testamento. Estas surgiram da questão prática de dividir os assuntos para mais aprofundá-los, mas terminaram por separar os dois Testamentos. Numa vertente, o Antigo Testamento é visto como cenário contrastante para a compreensão do Novo, de modo que aquele só pode ser considerado em si mesmo e não como parte de um único todo (G. L. Bauer, 1755-1806). Em outra, chega-se a igualar o Antigo Testamento a qualquer religião, de modo que o Novo não se encontra ligado de modo particular a ele nem vice-versa; qualquer tradição religiosa poderia substituir o Antigo Testamento (Schleiermacher, 1768-1834). Uma terceira vertente, enfim, acaba por rejeitar o valor sagrado do Antigo Testamento. Para A. von Harnack (1851-1930), por exemplo, o Antigo Testamento foi mantido nas tradições cristãs devido a uma "paralisia religiosa e eclesiástica".[17] De modo semelhante, R. Bultmann afirma que o Antigo Testamento tem valor na medida em que "fracassou", em que se mostrou definitivamente incapaz de trazer a salvação.[18]

---

[16] Mais recentemente, G. Von Rad: cf. *Teologia do Antigo Testamento*, v. 2, São Paulo, Aste, 1986, p. 326.

[17] Citado por B. G. Powley, "Harnack, A. Von", in R. T. Coggins; J. L. Houlden, *A Dictionary of Biblical Interpretation*, London, SCM Press, 19943, p. 271-272.

[18] "Em que sentido será, então, a *história judaico-veterotestamentária profecia* na história da comunidade neotestamentária? Ele o é *em sua contradição interior, em seu fracasso*" (R. Bultmann, *Crer e compreender. Ensaios selecionados*, São Leopoldo, Sinodal, 2001, p. 283).

Em outras palavras, a supervalorização do Novo Testamento em detrimento do Antigo apresenta o perigo de levar à rejeição deste último. Se, porém, o Novo Testamento é concebido como realização plena do Antigo, isto implica que ambos devem ser vistos em íntima relação e que não é impossível substituir o Antigo Testamento por qualquer outra tradição religiosa.

2. A inter-relação

2.1 O sentido da unidade entre ambos os Testamentos

a) Diversos elementos essenciais de unidade e continuidade[19]

O motivo último da unidade entre os dois Testamentos radica-se no plano divino de revelação (cf. Ef 1,4-9.10). É o mesmo Deus que, para realizar seu desígnio salvífico, põe em ato um plano, no qual a escolha de Israel como povo eleito é constitutiva e no qual o Filho de Deus, nascido no povo de Israel, como membro deste povo, realiza a salvação. Em virtude da unicidade deste plano, a palavra da Escritura não perde jamais seu valor, pois veicula a Palavra de Deus dirigida ao ser humano (cf. Is 40,8). Como testemunha da Palavra de Deus, o Antigo Testamento, por conseguinte, tem um valor permanente.[20] Isto é confirmado pelo fato que concepções teológicas importantes como, por exemplo, a ideia de "aliança" e a "Lei" (cf. Ex 19,5; 24,8.12; Sl 1,2), que aparecem no Antigo Testamento, são ratificadas no Novo (cf. Mt 26,28; Mc 14,24; Mt 7,12; Lc 2,27).

Um segundo ponto essencial é a continuidade de Jesus Cristo com o Antigo Testamento. De um lado, faz parte do núcleo da fé cristã que Jesus Cristo é a plena revelação de Deus (cf. Hb

---

[19] Alguns dos pontos a seguir são ampla e profundamente explanados por T. Söding, "Kriterien im Neuen Testament für eine Theologie des Alten Testaments", in *L'interpretazione della Bibbia nella Chiesa. Atti del simpósio promosso dalla Congregazione per la Dottrina della Fede*, Roma, Editrice Vaticana, 2001, p. 236-245.

[20] Concílio Vaticano II, *Constituição dogmática Dei Verbum*, Roma, Editrice Vaticana, 1965, 14 (abreviada doravante como *DV*).

1,1-2; Gl 4,4-5). De outro, é fundamental seja a insistência na afirmação de que Jesus pertence ao povo de Israel (cf. Rm 1,3; as genealogias de Mt 1,1-17 e Lc 3,23-38), seja o fato de o evangelho não poder ser pregado, mesmo para os pagãos, abstraindo da revelação feita a Israel.[21] Além de sua pessoa, ensinamentos, vida, morte e ressurreição serem colocados como realização do que fora dito na Escritura, os evangelhos apresentam Jesus como fiel membro do povo judeu. Jesus frequenta a sinagoga (cf. Lc 4,15-16), segue a Lei e exige que seja cumprida (cf. Mt 5,19; Lc 2,42) e interpreta sua vida a partir da Escritura (cf. as tentações no deserto, Mt 4,1-10; Lc 4,1-12; Lc 4,17-21; Mc 10,45).

Em terceiro lugar, à pessoa de Jesus Cristo está ligada a concepção de Deus. É um só o Deus do Antigo e Novo Testamento. O Deus de Israel, que está nos céus (cf. 1Rs 8,30; Ez 1,1), é, no Novo Testamento, o Pai de Jesus Cristo (cf. Mt 7,21; 10,32; Jo 17,1). O Deus do Antigo Testamento manifesta sua fidelidade maximamente em Cristo. Já no Antigo Testamento, a salvação de um povo paradigmaticamente marcado pela infidelidade só é possível porque Deus é fiel a suas promessas (cf. Gn 26,3; Dt 8,18; Sl 119,41; Ez 20,44). Esta característica se mantém no Novo Testamento: é pela fidelidade de Deus a seu plano que Jesus é constituído salvador de todos (cf. Rm 3,23-26; 2Tm 1,9).

Um quarto elemento significativo diz respeito à continuidade entre Israel e a Igreja. O Antigo Testamento surgiu dentro da comunidade do povo eleito, e o Judaísmo, por sua vez, se constitui e define pelo Antigo Testamento. De modo análogo, a Bíblia cristã surge no seio da Igreja e a identifica. A Igreja se autocompreende como continuação do povo de Deus do Antigo Testamento

---

[21] Assim, por exemplo, tanto o evangelho de Lucas (que se dirige mais especificamente aos cristãos de origem pagã) como a pregação de Paulo (mesmo àquelas comunidades formadas, sobretudo, a partir do paganismo) não deixam de colocar Jesus em relação ao Antigo Testamento.

e, mesmo se separando de Israel, busca a unidade e espera pela salvação do povo eleito como um todo.[22]

Por fim, a própria expressão linguística do Novo Testamento tem suas raízes no Antigo. O grego do Novo Testamento depende em grande parte da Bíblia judaica, quando traduzida para o grego (a Setenta): no que tange a construções gramaticais,[23] a vocabulário, particularmente o vocabulário religioso,[24] mas também quanto a termos hebraicos ou aramaicos, por vezes transliterados,[25] e a conceitos.[26]

b) Continuidade com rupturas

A continuidade entre Antigo e Novo Testamento se dá em meio a rupturas que não negam o caminho já percorrido, mas conferem-lhe um salto qualitativo, uma novidade que não se depreende simplesmente das virtualidades do antigo, mas supõe uma revelação realmente nova.

Do ponto de vista da história de Israel e sua continuidade em Jesus e na Igreja, concepções fundamentais, sem perderem totalmente suas características, recebem um novo sentido. Dois exemplos significativos são a aliança e a Lei. No que concerne ao primeiro ponto, já no Antigo Testamento fala-se de "nova aliança" (cf. Jr 31,31-34). Esta, contudo, não é ali efetivada: suas promessas ultrapassam o que historicamente se verificou e abrem,

---

[22] Cf. Rm 11,26, que cita Is 59,20-21 e 27,9 (cf. Jr 31,31). Paulo expressa de forma veemente este desejo em Rm 9,1-5.

[23] Por exemplo, semitismos: o uso de "muitos" para indicar "todos" (cf. Mt 26,28), o uso de "céus" no plural (cf. Mt 3,16; 5,16; Ef 1,3.20; Fl 3,20), a repetição da mesma raiz para indicar ênfase (cf. "com desejo desejei" – Lc 22,15).

[24] Como os termos e expressões: κύριος, διαθήκη, νόμος, αββα ὁ πατήρ, κορβᾶν, πάσχα, o verbo γινώσκω (cf. Fl 2,11; 2Cor3,6.14; Mt 12,5; Rm 8,15; Mc 7,11; Jo 13,1; Mt 11,27).

[25] Exemplos: ἀμήν, ῥαββί, ῥαββουνί, ταλιθά κουμ, Βοανηργές, ὡσαννά (cf. Mc 10,15; 9,5; Jo 20,16; Mc 5,41; 3,17; Mt 21,9).

[26] Como puro-impuro (cf. Mt 15,11; At 10,15; 11,9), espírito imundo (cf. Mt 12,43; Mc 1,23; Lc 8,29; Ap 18,2).

portanto, para um horizonte ulterior. No Novo Testamento, porém, Jesus afirma ser seu sacrifício redentor a "nova aliança" (cf. Lc 22,20; 1Cor 11,24). Esta "nova aliança" realiza a promessa e inclui, além da casa de Israel e de Judá (cf. Jr 31,31), os pagãos (cf. a expressão "por muitos" de Lc e 1Cor). A Lei, de seu lado, é totalmente assumida no Novo Testamento, mas segundo seu sentido no plano de Deus. Isto ocorre já em relação às tradições judaicas. Em Mc 7,5, de fato, à pergunta "Por que não se comportam teus discípulos segundo a tradição dos antigos, mas comem o pão com mãos impuras?" –, Jesus responde opondo os preceitos e tradições humanos à vontade de Deus (cf. v. 8-13). Jesus lê as tradições judaicas em relação a Deus e a seu plano. Assim também em relação à Lei codificada na Escritura, Jesus a leva até sua intenção original. Exige não sua simples observância exterior, mas sua observância segundo a intenção de Deus. E o faz, em Mt 15, citando o livro de Isaías (cf. Mt 15,7-9; Is 29,13) e explicando o sentido da observância (cf. Mt 15,10-11). Mt 5,18-20 exige a observância completa da Lei, mas dentro de idêntico parâmetro: a intenção primordial de Deus e não simplesmente a interpretação humana. Esta é a "justiça superior" indicada por Jesus.[27] A mesma intenção originária é evocada na controvérsia acerca do divórcio, onde o preceito de Moisés (cf. Dt 24,1) é posto em relação ao que Deus "no princípio" planejou (cf. Mc 10,1-12; Mt 19,1-9). Dentro deste quadro se entende bem a afirmação de que Jesus não veio abolir a escritura ("Lei e profetas"), mas cumpri-la totalmente (cf. Mt 5,17): realizá-la segundo a vontade originária do Pai.[28] Dessa maneira, Jesus levou à perfeição mesmo os aspectos imperfeitos da Lei, dando a conhecer o seu real sentido dentro do plano divino.

A continuidade de Jesus Cristo com o Antigo Testamento implica descontinuidades também na medida em que ele, segundo a perspectiva cristã, não é simplesmente um ato a mais do agir

---

[27] Cf. J. Gnilka, *Il Vangelo di Matteo*, v. 1, Brescia, Paideia, 1990, p. 229.
[28] Cf. as oposições dentro da aceitação dos mandamentos: "ouvistes..." – "Eu, porém, vos digo": Mt 5,21-22.27-28.31-32.33-34.38-39.43-44.

de Deus, mas o ato por excelência, a própria Palavra, o Filho encarnado (cf. Jo 1,1.14; Hb 1,1-2). Por isso, ele interpreta o Antigo Testamento e lhe dá sentidos novos, unindo elementos que antes não eram facilmente integrados. Assim, por exemplo, Jesus é messias, é o Filho do Homem que vem com poder, mas também o servo sofredor (cf. Mt 16,16; Mc 10,45; 14,62). Ele é o Emanuel, não mais em sentido metafórico (cf. Is 7,14); em sentido real é "Deus conosco" (cf. Mt 1,22-23). Dentre várias características presentes no Antigo Testamento, escolhe somente algumas como próprias.[29] Assim sendo, não só o Antigo Testamento interpreta a pessoa de Jesus, mas Jesus interpreta o Antigo Testamento.

Em relação à concepção de Deus, o Novo Testamento mostra Jesus como aquele que o revela plenamente (cf. Jo 1,18; 14,9), o único caminho para o Pai (cf. Jo 14,6). Deus se revela em seu Filho; sua fidelidade se demonstra agora no fato de que Jesus não veio condenar, mas salvar (cf. Mt 18,11; Lc 15,32; 19,10; Jo 3,17). Pela obediência do Filho, é redimida toda desobediência. Deus demonstra sua justiça como salvação (cf. Rm 3,21).

Por fim, no que concerne a Israel e à Igreja, o Novo Testamento afirma que Jesus veio ocupar-se exatamente com o Israel infiel, "as ovelhas perdidas da casa de Israel" (Mt 15,24; cf. 10,6). No entanto, o povo de Deus no Novo Testamento é alargado, abarcando de modo singular também os pagãos, numa dimensão que ultrapassa as mais ousadas expectativas do Antigo Testamento (cf. Is 56,1-8; 66,18-21). Com a inclusão dos pagãos, Israel não perde seus privilégios e Deus mantém sua fidelidade (cf. Rm 3,1-4; 2Cor 1,20).[30] Já no Antigo Testamento se encontram as raízes para o desenvolvimento desta abertura: em Abraão vem a bênção não só para Israel, mas para todos os povos (cf. Gn 12,3; 18,18). Porém o Novo, sem negá-lo, o ultrapassa e isto sobretudo pelo

---

[29] Cf., à guisa de exemplo, o corte das palavras finais que sofre o texto de Is 61,1-2 citado em Lc 4,18-19.

[30] Embora a abertura aos pagãos trouxesse em si a ameaça de afastar de Israel a Igreja, este perigo foi evitado pelo fato de se enfatizar a primazia de Israel (cf. Rm 1,17).

fato de que o povo é agora não só povo, mas "corpo" (cf. Rm 12,4-5; 1Cor 10,17; 12,12).

c) Conclusões

Os dados acima revelam que a novidade do Novo Testamento se insere intrinsecamente dentro da expectativa do Antigo Testamento e, ao mesmo tempo, a sobrepuja.[31] Apresenta o caráter de definitividade e de chegada ao ponto-meta do movimento. Desse modo, a relação entre Antigo e Novo Testamento se dá dentro de uma perspectiva escatológica: em Jesus chegou a realização definitiva e última de todas as promessas (cf. Rm 6,10; Hb 10,10).[32] Se é assim, então todo o plano salvífico de Deus foi concebido "em Cristo" (cf. Cl 1,15-20; Ef 1,3-14). Jesus é a continuidade escatológica da história salvífica de Israel. Ele é o Filho do Deus que age e se revela na história do povo eleito. Ele demonstra a fidelidade de Deus a seu plano, confirmando a eleição de Israel e realizando as promessas. Isto ocorre em Cristo como sobre--elevação e novidade: o povo é agora corpo de Cristo, inclui judeus e pagãos segundo uma nova ordem salvífica, baseada na morte-ressurreição de Jesus. Isto significa que a proporção entre história de Israel e o evento Jesus, entre Antigo e Novo Testamento, não é a do "não" e depois "sim" ou simplesmente do menos para o mais, mas do que já era abundante (o agir de Deus) para o superabundante, do que já era eminente para o supereminente. Assim, se Deus já manifestou seu amor gratuito (cf. Dt 7,7-8), em Cristo o amor é gratuito até a doação da vida, da morte do justo pelos pecadores (cf. Rm 5,6.8). A supereminência está no fato de que se realizam as expectativas para além do que histórica e teologicamente se poderia esperar.

---

[31] "Apesar de Cristo ter alicerçado a nova Aliança no seu sangue, os livros do Antigo Testamento, ao serem integralmente assumidos na pregação evangélica, adquirem e manifestam a sua plena significação no Novo Testamento, que por sua vez iluminam e explicam" (*DV* 16).

[32] Cf. T. Söding, "Kriterien im Neuen Testament für eine Theologie des Alten Testaments", p. 259.

Entende-se aqui que existe uma dinâmica interior à Escritura que pode ser compreendida em termos de promessa e cumprimento. Utilizando tal terminologia, não se está menosprezando o Antigo Testamento; ao contrário, ele é valorizado como parte integrante essencial da revelação divina. Afirmar Cristo como Palavra última implica considerar necessariamente a revelação anterior.[33] Por outro lado, não se trata de considerar promessa o Antigo Testamento e cumprimento o Novo, pois já no Antigo Testamento há cumprimento (embora parcial) de promessas (cf. At 7,17; Rm 9,9; Gl 4,23), assim como no Novo Testamento há ainda espera e promessa a se cumprir (cf. Lc 24,49; At 1,4; 1Tm 4,8),[34] de modo especial a espera pela consumação final da obra de Deus, com a parusia do Cristo (cf. Rm 8,25; 1Cor 15,20-28; Gl 6,5; Fl 3,20; 2Pd 3,13). Promessa – cumprimento expressa, assim, a dinâmica escatológica e a tensão que há entre agir salvífico já realizado e agir salvífico a se realizar.

Tal dinâmica ultrapassa a relação entre passagens de um e outro Testamento. Na consideração da relação entre ambos, antes, interessa o agir de Deus no conjunto do Antigo Testamento e em Jesus Cristo. *A partir da compreensão de fé*, textos singulares contribuem para uma visão global, em que as discrepâncias são superadas pelo fio condutor comum. Chegada a essa visão global, tem-se então um acesso teologicamente mais aprofundado (porque considerada a intenção global do plano salvífico) aos textos singulares. Essa visão global transparece, por exemplo, na referência às "Escrituras" de 1Cor 15,3-8. Mais do que a uma ou outra passagem do Antigo Testamento, é o conjunto do plano de Deus que testemunha em favor da morte e ressurreição de Jesus.[35]

Em síntese, o dinamismo de superação do Novo em relação ao Antigo se dá dentro da continuidade do plano de Deus e

---

[33] Cf. *DV* 4. 15.
[34] Cf. T. Söding, "Kriterien im Neuen Testament für eine Theologie des Alten Testaments", p. 259.
[35] Cf. T. Söding, "Kriterien im Neuen Testament für eine Theologie des Alten Testaments", p. 263.

integra dois polos. De um lado, só a partir do Antigo Testamento, do plano salvífico já em ato, pode-se compreender Jesus Cristo. O Antigo Testamento não é um "acessório" que auxilia a compreender o Novo Testamento; ele é *essencial* para compreender a pessoa e a missão de Jesus e a Igreja.[36] Afirma o Documento da Pontifícia Comissão Bíblica de 2001: "Sem o Antigo Testamento, o Novo Testamento seria um livro indecifrável, uma planta privada das suas raízes e destinada a secar-se".[37]

Por outro lado, o Novo Testamento oferece os critérios para compreensão do Antigo dentro do plano global de Deus. Entre ambos existe, dessa forma, uma unidade incindível.

2.2 Consequências para o trabalho exegético

Destas considerações deriva a necessidade de aprofundamento da questão acerca da *intencionalidade* do Antigo e do Novo Testamento,[38] da compreensão da proporção qualitativa existente entre Antigo e Novo e de como a perspectiva escatológica lança luz para a compreensão de cada etapa do agir de Deus. O movimento é, então, do Antigo para o Novo Testamento e do Novo Testamento para a consumação plena. Para o diálogo judaico-cristão, isto significa primeiramente aprofundar os elementos comuns, avaliando simultaneamente as diferenças. É tarefa da Igreja cristã, portanto, decifrar o modo de entender cristãmente o Antigo Testamento, valorizando seu sentido original e compreendendo o que nele Deus revela, mas também o relendo à luz de Jesus Cristo.

---

[36] Por exemplo: sem o Antigo Testamento não se entende a palavra sobre a aliança ou nova aliança (cf. Mt 26,28; Lc 22,20). Sobre tal importância, cf. T. Söding, "Kriterien im Neuen Testament für eine Theologie des Alten Testaments", p. 263-264.

[37] Pontifícia Comissão Bíblica, *O povo hebraico e suas Sagradas Escrituras na Bíblia Cristã*, n. 84.

[38] Cf. T. Söding, "Kriterien im Neuen Testament für eine Theologie des Alten Testaments", p. 253.

ASPECTOS PARTICULARES DA EXEGESE CRISTÃ   47

A exegese cristã do Antigo Testamento é, dessa maneira, uma exegese cristológica. Sem eliminar o sentido do texto em seu contexto primitivo, trata-se de considerar o antigo, palavras e acontecimentos, à luz da novidade cristã.[39]

Os métodos de interpretação utilizados no Novo Testamento, que se enraízam na exegese judaica da época, baseiam-se fundamentalmente na ideia de que Jesus realiza escatologicamente o plano de Deus. Atualmente, não se trata de a exegese retornar aos procedimentos de então, mas sim de aproveitar seus resultados, conjugando-os aos ganhos da exegese científica.[40] Isto supõe que o estudo do sentido literal não é fechado, por si mesmo, ao sentido espiritual.[41] O estudo do sentido literal continua com seu valor próprio, pois permite melhor decifrar as diferentes perspectivas da Escritura, considerada a época, as situações de origem, além dos aspectos linguísticos envolvidos no texto – e, com isto, perceber melhor como o plano de Deus se desenvolve. Mas este estudo não é ponto final: cumpre ver cada dado singular em relação ao todo de cada Testamento e de ambos em conjunto.

Em se tratando propriamente de metodologia, três aspectos podem ser destacados: a possibilidade de pluralidade semântica, a história da recepção do texto e o enraizamento da teologia no sentido literal.

a) No que concerne ao primeiro aspecto, a possibilidade de leitura escatológica (cristológica) se dá pela abertura que um texto apresenta. A abertura semântica é hoje um dado amplamente

---

[39] Cf. M. Reiser, *Bibelkritik und Auslegung der Heiligen Schrift*, Tübingen, Mohr Siebeck, 2011, p. 107.

[40] Cf. T. Söding, "Kriterien im Neuen Testament für eine Theologie des Alten Testaments", p. 254.

[41] Por sentido literal, entende-se aquele que o texto apresenta na época em que foi escrito. Por sentido espiritual, o sentido do texto à luz do mistério pascal e do envio do Espírito. Sobre este ponto, cf. Pontifícia Comissão Bíblica, *A interpretação da Bíblia na Igreja*, Roma, Editrice Vaticana, 1993, II, B, 2.

valorizado:[42] um texto não apresenta necessariamente um só sentido; ele pode conter ambiguidades que, exatamente por este fato, possibilitam leituras variadas.[43] Isto se aplica de modo particular à leitura que o Novo Testamento faz do Antigo. Por exemplo, a aplicação de Is 40,3 a João Batista é possível na medida em que a "voz que fala no deserto", no próprio texto de Isaías, é deixada em aberto; também o uso do Salmo 19 em Rm 10,18, onde Paulo aplica-o ao anúncio do evangelho.[44] Ou ainda a passagem de Jo 8,56, em que Jesus fala da alegria de Abraão por ver o seu dia: Gn 17,17 menciona o riso de Abraão; a promessa do nascimento do filho, no entanto, permite uma leitura referida à vida de Jesus (cf. Gn 17,19), o Filho (cf. Jo 8,54). Em todos estes casos, não se está fazendo uma exegese das passagens veterotestamentárias, mas sim explorando a abertura semântica dos textos. Evidentemente, também aqui não deixa de haver perigos de atribuir a um texto significado ilegítimo. Critérios são, então, os limites de significado que o próprio texto impõe e a moldura ampla da Escritura e da fé: balizas que servem a evitar interpretações inadequadas.

b) Quanto ao segundo ponto, cabe considerar que a história da recepção de um texto tem algo a dizer sobre a compreensão do Antigo e Novo Testamento. Nesta história da interpretação,

---

[42] Cf. Pontifícia Comissão Bíblica, *A Interpretação da Bíblia na Igreja*, II, B, 1. Duas possibilidades de construção de abertura de sentido são indicadas no documento: "um autor humano pode querer referir-se ao mesmo tempo a vários níveis de realidade"; "a inspiração divina pode guiar a expressão de maneira a produzir uma ambivalência".

[43] Isto se verifica já no interior do Antigo Testamento. Assim, por exemplo, as imagens das uvas no deserto e dos primeiros figos, em Os 9,10, tanto podem ter valência positiva como negativa. Isto não pela compreensão moderna que algum leitor pudesse ter a partir de sua própria experiência, mas sim pelo estudo do vocabulário utilizado no texto de Oseias em comparação com seu uso no conjunto do Antigo Testamento. As duas interpretações são possíveis no texto: é necessário optar por uma ou outra, ou o texto pode ser interpretado exatamente dentro desta polissemia?

[44] Cf. M. Reiser, *Bibelkritik und Auslegung der Heiligen Schrift*, p. 100-101. Estes dois exemplos são retirados deste autor.

ASPECTOS PARTICULARES DA EXEGESE CRISTÃ | 49

entra como dado constitutivo fundante a leitura da Igreja das origens, base sobre a qual todo o edifício posterior se assenta.

c) Enfim, trata-se de perceber que os métodos científicos *em si* já oferecem elementos teológicos.[45] A teologia e o sentido espiritual não são uma superestrutura que vem sobre os dados históricos, situacionais, culturais e linguísticos conhecidos pelos métodos científicos, sem real interligação com estes. Mas, se por trás do texto está a unidade da revelação de Deus e seu agir salvífico, então o aspecto teológico surge *a partir* da letra, compreendida como expressão da Palavra de Deus em palavras humanas dentro do inteiro desígnio salvífico de Deus.

Esta ótica integradora não elimina a distinção entre significado histórico e sentido espiritual, mas é capaz de compreender ambos em sua justa proporção e de relacioná-los adequadamente. Fica claro igualmente que tal leitura é mais do que a percepção da relação entre textos (intertextualidade), pois não se limita a contatos temáticos, conceituais e terminológicos entre eles, mas tem em vista a perspectiva global do agir salvífico de Deus. Revela-se assim que permanece válido o princípio de Agostinho de que no Antigo Testamento está escondido o Novo e no Novo Testamento está manifesto o Antigo.[46]

As palavras do Documento de 2001 sintetizam a relação entre os dois Testamentos, indicando pistas para sua leitura:

---

[45]   Cf. T. Söding, "Kriterien im Neuen Testament für eine Theologie des Alten Testaments", p. 256-257.

[46]   Cf. *Quaestiones in Heptateuchum*, Liber 2, 73, citado em *DV* 16: "*Loquere tu nobis, et non loquatur ad nos Deus, ne quando moriamur.* Multum et solide significatur, ad Vetus Testamentum timorem potius pertinere, sicut ad Novum dilectionem: quamquam et in Vetere Novum lateat, et in Novo Vetus pateat. Quomodo autem tali populo tribuatur videre vocem Dei, si hoc accipiendum est intellegere, cum sibi loqui Deum timeant ne mor007iantur, non satis elucet" (http://www.augustinus.it/latino/questioni_ettateuco/index2.htm, acesso em 27 de julho de 2013). Cf. ainda T. Söding, "Kriterien im Neuen Testament für eine Theologie des Alten Testaments", p. 260. 265.

O Antigo Testamento possui em si um imenso valor como Palavra de Deus. Ler o Antigo Testamento como cristãos não significa, por isso, querer encontrar em todos os lugares diretas referências a Jesus e às realidades cristãs. Certamente, para os cristãos, toda a economia veterotestamentária está em movimento na direção de Cristo; por isso, se se lê o Antigo Testamento à luz de Cristo é possível, retrospectivamente, apreender algo deste movimento. Mas, dado que se trata de um movimento, de uma progressão lenta e difícil através da história, cada evento e cada texto situam-se em um ponto particular do caminho e a uma distância mais ou menos grande do seu cumprimento. Lê-los retrospectivamente, com olhos de cristãos, significa perceber ao mesmo tempo o movimento para Cristo e a distância em relação a Cristo, a prefiguração e a dessemelhança. Inversamente, o Novo Testamento pode ser plenamente compreendido só à luz do Antigo Testamento.

A interpretação cristã do Antigo Testamento é, portanto, uma interpretação diferenciada, segundo os diversos tipos de texto. Ela não sobrepõe confusamente a Lei e o Evangelho, mas distingue com cuidado as fases sucessivas da história da revelação e da salvação. Trata-se de uma interpretação teológica, mas ao mesmo tempo plenamente histórica. Longe de excluir a exegese histórico-crítica, a exige.[47]

---

[47] Pontifícia Comissão Bíblica, O *povo hebraico e suas Sagradas Escrituras na Bíblia Cristã*, n. 21.

CAPÍTULO 3

O MÉTODO HISTÓRICO-CRÍTICO NO CONTEXTO DOS MÉTODOS SINCRÔNICOS

A exegese atual se desenvolve com a utilização de variadas metodologias. A que mais se impôs no século passado e que atualmente tem ainda grande relevância está compendiada no chamado método histórico-crítico. É ele também que, ao menos em algumas de suas etapas, se encontra como base de diversas metodologias mais recentes.

1. Métodos diacrônicos e sincrônicos

Método é um conjunto de procedimentos utilizados para examinar, com a maior objetividade possível, um dado. Distingue-se de *abordagem* porque esta consiste num especial ponto de vista a partir do qual é feita a leitura e interpretação de um texto. As abordagens utilizam um ou outro método, sendo caracterizadas pela perspectiva e escopo que assumem.[1]

Os métodos exegéticos podem ser classificados basicamente como métodos diacrônicos (que dão atenção especial ao

---

[1] A terminologia é usada de maneira variada pelos estudiosos. Aqui é seguida a distinção feita no Documento da Pontifícia Comissão Bíblica, *A interpretação da Bíblia na Igreja* (Roma, Editrice Vaticana, 1993), nota 1.

crescimento dos textos e ao seu significado na época de redação) ou sincrônicos (priorizam a forma final do texto).

Os *métodos diacrônicos* são reunidos no chamado *método histórico-crítico*, composto de diversas etapas, cada qual com princípios e procedimentos próprios. Integradas, estas etapas visam esclarecer o texto no momento de sua produção (eventualmente em suas diversas etapas, mas também em sua fixação final).

Os *métodos sincrônicos* mais divulgados são a análise retórica, a análise narrativa, a análise semiótica e, nas últimas décadas, a pragmalinguística. Tendo cada qual metodologia própria, visam esclarecer o texto em sua forma canônica.

2. O método histórico-crítico

2.1 Breve história do método

Já a antiguidade conheceu uma aproximação da Escritura que buscava considerar como relevante a literalidade dos textos bíblicos e sua compreensão dentro do quadro histórico em que foram escritos. A escola teológica de Antioquia foi, nos séculos IV e V, o mais expressivo representante da busca do sentido histórico ao lado do teológico-espiritual. No entanto, mesmo fora deste âmbito, a preocupação com a leitura do texto dentro de seu contexto de origem não foi totalmente negligenciada. À guisa de exemplo, já no século III, o trabalho de comparação de manuscritos dos textos bíblicos realizado por Orígenes (a "Héxapla") mostra até que ponto de especialização ia a preocupação com a autenticidade material do texto. Nos séculos IV e V, a preocupação de Jerônimo com a "veritas hebraica" trai igual intenção de ler e interpretar os textos dentro de seu berço original. Com tal preocupação, em geral não se perdia, nesta época, no entanto, o interesse pelo sentido doutrinal e moral.

A Idade Média continuou, em grande parte, as mais significativas tendências da época anterior. Desenvolveu, pouco a pouco, contudo, também uma leitura da Escritura que buscava primariamente o aspecto contemplativo-místico,[2] chegando, por vezes, a uma autonomia desta interpretação ante o sentido próprio do texto bíblico.[3] É nesse sentido que, visando corrigir tendências exageradas, Santo Tomás afirmou a necessidade de todos os sentidos da Escritura basearem-se no sentido literal[4]. Com isso, pretendia salvar a interpretação de subjetivismos. A valorização do sentido espiritual, no entanto, continuou fortemente enraizada.[5]

Com a descoberta paulatina dos textos antigos e a valorização das línguas e culturas originais na época do Renascimento, foram dados passos importantes na formulação do método. A crítica textual, com sua intenção de determinar o texto mais próximo do original, pôde desenvolver-se pouco a pouco, a partir da comparação de manuscritos e edições impressas então disponíveis.[6]

---

[2] O nome mais expressivo nesta perspectiva é o de Gregório Magno (+ 604), que, embora as vendo integradas, distingue claramente entre leitura doutrinária e contemplativa. Cf. H. de Lubac, *A Escritura na Tradição*, São Paulo, Paulinas, 1970, p. 55: cf. S. Gregório, *In Ezechielem*, I, hom. 5, n.1: PL 76, 821; *Moralia in Job*, 1, 4, c.1: PL 75, 633s.

[3] Cf. H. de Lubac, *A Escritura na Tradição*, p. 57-59.

[4] Isto é afirmado na *Summa Theologica* (cf. *S.Th.* I, q. 1, a. 10). Por sentido literal, Santo Tomás entende o sentido imediato das palavras, enquanto o sentido espiritual (alegórico, moral e anagógico) diz respeito às realidades significadas nas palavras (cf. *S.Th.* I, q. 10, a. 1-3). Cf. J. G. Prior, *The Historical Critical Method in Catholic Exegesis*, Roma, 1999, p. 53-55.

[5] Isto se deu não somente em âmbito cristão. A interpretação rabínica nesse período dava também grande relevância ao sentido espiritual dos textos (cf. M. Ferraris, *Storia dell'Ermeneutica*, Milano, Bompiani, 1992[3], p. 25-27).

[6] A atenção com o texto bíblico manifestou-se já na preparação da edição impressa das primeiras Bíblias nas línguas originais, com R. Joshuah (1488, a chamada Bíblia de Soncino) e, em seguida, com D. Bomberg (1516-1517) e a *Biblia Polyglota Complutense* (1522), a qual, além do texto grego do Novo Testamento, trazia, para o Antigo, o texto hebraico, grego e latino. As primeiras discussões sobre as discrepâncias entre os testemunhos do Antigo Testamento se deram em meados do século XVII, com J. Morinus e L. Cappellus. Começam, nessa época, a aparecer estudos sobre o tema, embora sem que fossem claramente distinguidos os aspectos textuais e os teológicos. Este trabalho continuou no século XIX.

A consideração do texto bíblico como objeto de estudo e a grande valorização de seu significado literal que então teve lugar orientou a leitura da Escritura para uma perspectiva, sobretudo, histórica. Começou a surgir, assim, o que depois se denominará *crítica literária* (*Literarkritik*) ou *crítica das fontes*, da *redação* e *composição*. Os primeiros trabalhos significativos apareceram nos séculos XVII-XVIII com R. Simon e J. Astruc. Suas observações conduzirão paulatinamente os estudos do Pentateuco à teoria das quatro fontes, apresentada, em sua forma clássica, por J. Wellhausen, nas últimas décadas do século XIX.[7] No que tange ao Novo Testamento, esta perspectiva aparecerá na formulação da teoria das duas fontes acerca da formação dos evangelhos sinóticos.[8]

As descobertas da literatura das culturas do Antigo Oriente Próximo, por sua vez, permitiram a comparação dos textos bíblicos com fontes extrabíblicas e o desenvolvimento do que se chamou a *Formkritik*, a crítica das formas, que se detinha na análise da configuração das pequenas unidades literárias – escritas ou mesmo na fase oral. Tal estudo permitiu também descrever o desenvolvimento dessas formas, de modo a traçar sua origem e

---

No que concerne ao Novo Testamento, os primeiros trabalhos remontam ao século XV, com a indicação de variantes por L. Valla (1407-1457) e Erasmo (1466-1536). Este último publicou a primeira edição do Novo Testamento grego (1516), seguida pouco depois pela *Biblia Polyglota Complutense* e as edições de R. Estienne (quatro edições entre 1546 e 1551), T. Beza (nove edições entre 1565 e 1604) e os irmãos Elzebir (sete edições entre 1624 e 1678). A crítica textual como ciência, porém, afirmou-se somente no século XVIII, quando a pesquisa se distanciou do *textus receptus*. Cf. S. Pisano, "O texto do Antigo Testamento", in H. Simian-Yofre (org.), *Metodologia do Antigo Testamento*, São Paulo, Loyola, 2000, p. 42-43; E. Tov, "Textual Criticism (OT)", in D. N. Freedman (org.), *The Anchor Bible Dictionary*, v. 6, New York, Doubleday, 1992, p. 395; E. J. Epp, "Textual Criticism (NT)", *ibidem*, p. 427.

[7] Sobretudo seu livro *Prolegómena zur Geschichte Israels* (Berlin, 1883), precedido por *Geschichte Israels* (1878).

[8] A teoria das duas fontes foi claramente afirmada por C. H. Weisse (em obra de 1938), mas já aparecera nos trabalhos de H. J. Holtzmann (obras de 1892) e P. Wernle (1899). Cf. U. Schnelle, *Introdução à Exegese do Novo Testamento*, São Paulo, Loyola, 2004, p. 60.

evolução (*Formgeschichte* ou História das Formas). Iniciada com M. Dibelius,[9] desenvolveu-se com K. L. Schmidt e R. Bultmann,[10] no que tange aos evangelhos sinóticos. Para o Antigo Testamento, marcou época os estudos de H. Gunkel sobre o livro do Gênesis e dos Salmos,[11] com uma classificação dos gêneros literários na prosa e na poesia bíblicas que ainda hoje é digna de consideração. Em conjunto com a preocupação com a forma literária, estes autores desenvolveram a análise para determinação da situação de vida (*Sitz im Leben*) que estaria na origem de um gênero literário.

A ênfase exclusiva nas formas, seu gênero literário e situação vital de origem colocava em segundo plano os autores dos livros bíblicos, que eram reduzidos a meros colecionadores ou compiladores de tradições preexistentes. Como reação, em meados do século XX, valorizou-se o papel do escritor bíblico, não reduzido a simples compilador de tradições disponíveis, mas concebido agora como verdadeiro autor, como redator, ele mesmo, de diversos trechos e como remodelador de tradições. Aplicado inicialmente aos evangelhos sinóticos, tal método denominou-se *Redaktionskritik* ou *Redaktionsgeschichte* (crítica da redação ou história da redação).[12] Concluiu-se, assim, o ciclo que deu origem às diversas etapas do Método Histórico-Crítico.

Sob o ponto de vista das tendências de pensamento que moveram o desenrolar destas etapas, destaca-se a preocupação com os dados históricos e a relação dos textos bíblicos com os

---

[9] Com a obra *Die Formgeschichte des Evangeliums*, Tübingen, 1919.

[10] Com as obras, respectivamente: *Der Rahmen der Geschichte Jesu*, Berlin, 1919, e *Die Geschichte der synoptischen Tradition*, Göttingen, 1931.

[11] Obras: *Genesis. Übersetzt und erklärt*, Göttingen, 1901; *Einleitung in die Psalmen: Die Gattungen der religiösen Lyrik Israels*, Göttingen, 1933.

[12] São considerados fundadores deste método: H. Conzelmann (*Die Mitte der Zeit. Studien zur Theologie des Lukas*, Heidelberg, 1952), W. Marxsen (*Der Evangelist Markus. Studien zur Redaktionsgeschichte des Evangeliums*, Göttingen, 1956) e G. Bornkamm (*Überlieferung und Auslegung im Matthäusevangelium*, Neukirchen-Vluyn, 1960). Sobre o método e sua história, cf. H. Zimmermann, *Los métodos histórico-críticos em el Nuevo Testamento*, Madrid, BAC, 1969, p. 233-253.

conhecimentos da história antiga que então se vinham conseguindo. Com efeito, os estudos de R. Simon e J. Astruc não só exemplificam a mentalidade histórica que se afirmava sempre mais, mas também impulsionaram uma leitura que considerasse como fundamental o sentido histórico. Não se eliminava completamente a dimensão doutrinal, mas a verdade histórica tornava-se sempre mais o critério para averiguação da atendibilidade do texto e, com isso, finalmente, como critério para a própria doutrina da fé. O paulatino aumento da consideração histórica em detrimento da consideração teológica desembocou, com o iluminismo do século XIX, na criação de um fosso entre as duas dimensões, com o *a priori* de uma dúvida sistemática sobre a veracidade "histórica" dos dados transmitidos na Escritura e sobre a validade dos princípios doutrinais neles baseados. Desse modo, a em si justa preocupação com o contexto histórico original e com a formação gradual dos textos bíblicos conduziu a um ceticismo prático em grande parte dos estudiosos. Chegou-se, dessa maneira, em alguns casos, a uma total impossibilidade de conciliação entre história e fé-teologia, pensamento este representado inicialmente por F. C. Baur e radicalizado pela escola das religiões comparadas, que dava grande ênfase ao estudo de outras religiões antigas para compreensão dos textos bíblicos.[13]

---

[13] F. C. Baur (1792-1860) funda a "Nova Escola de Tübingen" ou "Escola Liberal". Estudioso da história das religiões, Baur procura reconstruir historicamente a antiga tradição cristã. O cristianismo primitivo teria sido marcado e se teria desenvolvido em torno da oposição entre um cristianismo petrino, de índole judaica, e um cristianismo paulino, de cunho helenístico (obra: *Die Christuspartei in der korinthischen Gemeide, der Gegensatz des petrinischen und paulinischen Christentums in der ältesten Kirche, der Apostel Petrus in Rom*, 1831). Entrando em contato com as ideias de Hegel, Baur, mais tarde (cf. *Die christlische Gnosis*, 1835), aplica-as ao desenvolvimento do cristianismo e da teologia de Paulo.

Para a Escola Liberal, a história deve ser estudada objetivamente, conforme o método das ciências naturais. Realça-se, dessa maneira, o aspecto histórico dos evangelhos, porém com grandes reservas acerca dos dados sobrenaturais neles contidos (os milagres ou são rejeitados ou interpretados naturalmente). Importa então unicamente o aspecto moral da pes-

A leitura de textos bíblicos sobre o panorama da história antiga, embora tenha evidenciado os pontos em comum para com os outros sistemas religiosos, deixou clara também a especificidade do pensamento bíblico;[14] o pensamento dominante, contudo, foi o de que a Bíblia era expressão de uma cultura. Por outro lado, com a dúvida sobre a historicidade dos relatos, a fim de manter a relevância dos escritos bíblicos, surgiu a necessidade de fixar-se somente na sua mensagem, no seu valor doutrinal ou moral, deixando entre parênteses sua veracidade histórica. É nesse sentido que D. F. Strauss propôs o conceito de "demitologização", que buscou o núcleo ideológico que o texto quereria comunicar, sem se importar com sua facticidade histórica.[15] No século XX, tal conceito será amplamente desenvolvido por R. Bultmann.[16]

---

soa de Jesus e o valor de sua mensagem, reduzida ao âmbito puramente humano. Um dos maiores expoentes desta Escola é Adolf von Harnack (1851-1930), que defende, como único caminho válido para investigação da Escritura e da Teologia, o método científico (histórico-crítico).

A escola da história das religiões comparadas procurou compreender o Cristianismo e em particular o Novo Testamento a partir das diferentes correntes existentes na bacia do Mediterrâneo na época. Ele seria fruto do sincretismo da apocalíptica judaica com a gnose e as religiões mistéricas. Seus principais representantes são W. Bousset, H. Gunkel, W. Wrede e J. Weiss.

Cf. B.G. Powley, "Harnack, A. von", in R. J. Coggins; J. L. Houlden, *A Dictionary of Biblical Interpretation*, London, SCM Press, 1994, p. 271-272; B. M. G. Reardon, "Liberalism", in *A Dictionary of Biblical Interpretation*, p. 395-396.

14 Cf. K. Lehmann, "El horizonte hermenéutico de la exégesis histórico-crítica", in J. Schreiner (org.), *Introducción a los métodos de la exégesis bíblica*, Barcelona, Herder, 1974, p. 68.

15 Em 1835, D. F. Strauss (1808-1874) escreve a sua biografia de Jesus. Suas concepções baseiam-se sobre a filosofia hegeliana: a tese seria a admissão do sobrenatural; a antítese, sua negação (naturalismo); a síntese seria o mito. Para Strauss, mito é uma forma pré-científica de tematizar a realidade. Importa não eliminá-los, mas descobrir sua mensagem: devem ser interpretados. Não se pode admitir nada de histórico. Cf. R. Morgan, "Strauss, D. F.", in *A Dictionary of Biblical Interpretation*, p. 650.

16 Para R. Bultmann (1884-1976), toda história, também a Bíblia, é escrita numa perspectiva subjetiva. Por isso, através dela podemos conhecer

Dessa forma, o método histórico-crítico foi gerado, em época moderna, dentro de um contexto de oposição entre fé e razão histórica. No final do século XIX e início do XX, tal oposição passou a integrar sistematicamente a utilização do método. A exegese, entendida como trabalho histórico-crítico, deveria ser concebida como disciplina totalmente independente da doutrina da fé.

As grandes linhas culturais que dominaram o final do século XVIII e o século XIX formularam o âmbito em que essas metodologias foram geradas e nas quais se desenvolveram, não deixando de interferir, se não na metodologia propriamente dita, nos seus pressupostos filosóficos e ideológicos. Essas linhas culturais foram marcadas pelo pujante racionalismo e muitas vezes pelo materialismo, com a oposição explícita à fé, tal como se encontraram no Iluminismo e no positivismo, sobretudo no que tange às ciências históricas.

Não deixou de haver reações. Da parte da Igreja Católica, em virtude do contexto ideológico em que tiveram origem, a início dominou uma grande reserva quanto à utilização de tais metodologias. Essa posição foi abrandada quando, em 1943, a encíclica *Divino afflante Spiritu* (Pio XII) marcou a aceitação oficial da metodologia "científica" e chamou a atenção para a importância da consideração da crítica textual, dos gêneros literários e da história e literatura antigas na interpretação bíblica.[17] Da parte das igrejas da reforma, o dado talvez mais relevante é a reação do

---

somente a experiência dos antepassados, não a realidade dos fatos narrados. Como a mentalidade antiga é mítica e não científica, para chegar à mensagem, deve-se descobrir, no mito, o que ele quer realmente dizer. Dessa forma, trata-se de *demitizar* (*entmythologisieren*) e não desmitizar (eliminar o mito). Para Bultmann interessa o efeito da palavra naquele que interpreta: como a mensagem evangélica alcança o homem no seu aqui e agora – é sempre existencial, subjetiva; não pode ser definitiva. Cf. R. Morgen, "Bultmann, R.", in *A Dictionary of Biblical Interpretation*, p. 93-95.

[17] Cf. Pio XII, *Divino Afflante Spiritu*, n. 20: *Enchiridion biblicum. Documenti della Chiesa sulla Sacra Scrittura. Edizione bilíngue*, Bologna, Dehoniane, 1993, n. 548. 560. 561.

teólogo luterano K. Barth, em seu comentário à carta aos Romanos (1919), que, procurando salvaguardar a transcendência do Deus que se revela e a consequente necessidade de uma recepção obediente da palavra, limitou o método histórico-crítico a uma etapa, a primeira, da investigação. Barth afirma a insuficiência de um método que, detendo-se no aspecto humano da Escritura, não percebe sua mensagem divina. A busca por uma exegese que chegue à teologia deveria, portanto, ser inerente ao trabalho do estudioso.[18]

2.2 Ganhos e limites do método histórico-crítico

A progressiva formulação do método histórico-crítico dentro de um contexto filosófico que muitas vezes opunha fé e razão, de um lado, e os resultados de sua aplicação, que muitas vezes atingia pontos fundamentais da fé, de outro, não deixaram de levantar questionamentos. Desde as últimas décadas do século XX desenvolveram-se abundantes críticas, tanto sob o ponto de vista filosófico como metodológico. Foi, porém, a prática deste método que mais claramente demonstrou seus limites:[19]

- pela preocupação com a determinação das fontes e do processo redacional, o método fragmenta o texto em pequenas unidades, deixando de considerá-lo como se apresenta (o chamado *texto final*) e valorizando mais o processo de elaboração do que sua forma final;

- como a procura pelo processo redacional ultrapassa os dados disponíveis, o método fez multiplicarem-se imensamente as hipóteses interpretativas, sem que, na maioria dos casos, houvesse um consenso significativo;

---

[18] Cf. K. Lehmann, "El horizonte hermenéutico de la exégesis histórico--crítica", p. 72; C. Baxter, "Barth, K.", in *A Dictionary of Biblical Interpretation*, p. 77-79.

[19] Estes são sintetizados no início do artigo de J.-L. Ska, "Les vertus de la méthode historico-critique", in *Nouvelle Revue Théologique* 131 (2009) 705-727, aqui, p. 705.

- por exigir amplo espectro de conhecimentos, sua prática acabou sendo reservada a alguns especialistas e, geralmente, trouxe resultados sem utilidade imediata na pastoral;

- enfim, por visar à compreensão dos textos bíblicos em seu contexto histórico original e, portanto, à delimitação de seu sentido primitivo, por si mesmo se preocupa somente com a dimensão humana da palavra bíblica, de modo que tende a acentuar unilateralmente os aspectos históricos e culturais, não considerando o autor divino.[20]

Em defesa do método, alguns autores chamam a atenção para o fato de que tais limites não são inerentes à metodologia.[21] A fragmentação do texto, por exemplo, ocorre também com análises estruturalistas; a discrepância de resultados nas pesquisas não se limita ao método histórico-crítico, mas é visível qualquer que seja a metodologia utilizada. Em relação à questão do uso de instrumentais rebuscados, também aqui outras metodologias, de corte sincrônico, requerem um alto grau de tecnicidade. Por fim, no que tange à pastoral, o problema não reside propriamente no método, mas em quem realiza a pastoral: embora utilizando metodologia científica ou fazendo uso de subsídios técnicos, o pastoralista deveria ser capaz de traduzir seus resultados numa linguagem compreensível e interpelativa para os destinatários. De outra parte, reduzir a exegese à utilidade pastoral como critério para sua validade é arriscar a levá-la a um estado problemático, por dar amplo lugar à paráfrase, ao espiritualismo ou à dominação de pressupostos que poderiam manipular o sentido do texto. A falta do método poderia, assim, levar ao fundamentalismo,

---

[20] Cf. J. Ratzinger, "Prefácio" ao Documento *A Interpretação da Bíblia na Igreja*.

[21] Cf. J.-L. Ska, "Les vertus de la méthode historico-critique", p. 707.710.712-714; J. A. Fitzmyer, *A interpretação da Escritura. Em defesa do método histórico-crítico*, São Paulo, Loyola, 2008, p. 73-90. 91-103.

única visão bíblica que é totalmente rejeitada pelo documento de 1993 da Pontifícia Comissão Bíblica.[22]

Apesar destes aspectos, não se pode negar que o método histórico-crítico tem seus limites, os quais se tornam patentes sobretudo quando se contempla o específico da exegese bíblica. Pois, por si mesmo, ele não se propõe a estabelecer uma relação entre: o sentido original e o sentido que o texto foi assumindo em suas diferentes etapas de interpretação, já no interior da própria Bíblia, assim como na tradição eclesial;[23] o sentido histórico e o sentido teológico, o qual, normalmente, não deriva imediatamente do sentido no plano histórico;[24] o sentido que o texto tem em sua origem e o sentido que pode ter para situações atuais.

Dessa forma, embora se possa, atualmente, distinguir entre metodologia e pressupostos filosóficos aos quais estava ligado o método histórico-crítico em suas origens modernas, é necessário deixar claros os pressupostos hermenêuticos em cujo quadro serão desenvolvidas suas diversas etapas e estar consciente dos condicionamentos da moldura racionalista e historicista em cujo berço o método se formulou. Isto significa que os limites do método histórico-crítico podem ser minorados se forem utilizados princípios de exegese que deem conta do aspecto inspirado dos textos e sua ligação com as comunidades de fé que lhe deram origem e continuaram sua leitura.

O Documento *A interpretação da Bíblia na Igreja* explicita algumas indicações ou deixa perceber linhas que podem orientar na procura da superação dos limites do Método Histórico-Crítico:

- a cooperação interdisciplinar, sobretudo no campo filosófico-hermenêutico;[25]

---

[22] Cf. Pontifícia Comissão Bíblica, *A interpretação da Bíblia na Igreja*, I, F.
[23] Cf. Pontifícia Comissão Bíblica, *A interpretação da Bíblia na Igreja*, Conclusão.
[24] Cf. G. J. Prior, *The Historical Critical Method in the Catholic Exegesis*, 238.
[25] Cf. Pontifícia Comissão Bíblica, *A interpretação da Bíblia na Igreja*, III, C, 2; G.J. Prior, *The Historical Critical Method in the Catholic Exegesis*, p. 260.

- a utilização do método em diálogo com a teologia. Se é necessário distinguir os limites de competência de cada disciplina, é igualmente importante tematizar a contribuição que cada qual pode oferecer para uma melhor compreensão da revelação bíblica;[26]

- a consideração do aspecto dinâmico dos textos, com atenção às releituras intrabíblicas, judaicas e eclesiais. Ou seja, é útil utilizar o método em conjunto com outros procedimentos metodológicos e outras abordagens, sobretudo as de cunho canônico e do uso das tradições judaicas;[27]

- o exercício da exegese na moldura eclesial, considerada a unidade dos dois Testamentos e a leitura crente da Tradição, que continua no Magistério.[28]

Em outras palavras, é mister, além de ultrapassar os pressupostos ideológicos originais do método histórico-crítico, trabalhar considerando a dimensão divina das palavras humanas.[29]

---

[26] Cf. Pontifícia Comissão Bíblica, *A interpretação da Bíblia na Igreja*, III, D, 2; G.J. Prior, *The Historical Critical Method in the Catholic Exegesis*, p. 260.

[27] Cf. Pontifícia Comissão Bíblica, *A interpretação da Bíblia na Igreja*, III, C, 1; G. J. Prior, *The Historical Critical Method in the Catholic Exegesis*, p. 260.

[28] Cf. Pontifícia Comissão Bíblica, *A interpretação da Bíblia na Igreja*, III, C, 1.

[29] Cf. Discurso do Papa João Paulo II sobre a Interpretação da Bíblia na Igreja, por ocasião da audiência comemorativa do centenário da Encíclica *Providentissimus Deus* e do cinquentenário da Encíclica *Divino Afflante Spiritu*, quando lhe foi entregue o Documento da Pontifícia Comissão Bíblica sobre a Interpretação da Bíblia na Igreja, em 23 de abril de 1993 (cf. páginas iniciais do Documento *A Interpretação da Bíblia na Igreja*); Bento XVI, *Gesù di Nazaret*, Milano, RCS Libri, 2007, p. 12; *Exortação Apostólica Verbum Domini*, Roma, Editrice Vaticana, 2011, n. 34; J. Ratzinger (org.), *Schriftauslegung im Widerstreit*, Freiburg im Breisgau, Basel, Wien, Herder, 1989, p. 34-36.

Isto exige do exegeta uma atenção ao estudo histórico, mas também uma particular abertura ao sentido teológico dos textos.

3. Necessária complementação

A multiplicidade, por vezes contraditória, dos resultados das análises diacrônicas, o caráter hipotético de suas reconstruções, a aridez de sua argumentação e resultados, bem como a dificuldade de falar para a época contemporânea, que motivaram, em grande parte, o descrédito para com o método histórico-crítico, conduziram a repensar a metodologia exegética. Estas se concretizaram, por parte de algumas correntes, no abandono completo da diacronia, com a consequente opção por uma leitura exclusivamente sincrônica.

3.1 Métodos sincrônicos

Os métodos sincrônicos mais difundidos atualmente são a análise retórica, a análise narrativa, a análise semiótica e a pragmalinguística.

a) Análise retórica

Já na antiguidade, a retórica era alvo de estudo, com a finalidade de orientar oradores em seus discursos; desde os primeiros séculos da era cristã, foi aplicada à leitura bíblica. No final do século XX, recebeu maior atenção na exegese[30] e dedicou-se particularmente a examinar os recursos de persuasão utilizados nos textos. Pouco a pouco se impôs a tendência de investigar a retórica própria da Escritura, no tocante tanto ao Antigo como

---

[30] J. Muilenburg, em conferência no encontro da Society of Biblical Literature de 1968 (com o título "Form Criticism and Beyond"), propõe a leitura retórica para os textos da Bíblia Hebraica (conferência publicada em *Journal of Biblical Literature* 88, 1969, 1-18, disponível em www.jstor.org/stable/3262829?seq=8).

ao Novo Testamento. Mais recentemente, desenvolveu-se como método de leitura com técnicas próprias. A análise retórica valoriza particularmente a forma do texto. Mas, à diferença da concepção de que o gênero literário influencia substancialmente esta forma, dá particular atenção às suas peculiaridades linguísticas e estilísticas. Atualmente, utiliza diversas abordagens, baseando-se na retórica clássica greco-latina, ou na retórica semítica ou ainda procura estudar os elementos que, numa situação concreta, tornam a uma linguagem convincente (recursos argumentativos e estratégias comunicativas: a "nova retórica").[31]

b) Análise narrativa

A análise narrativa ou narratologia estuda o modo como se desenvolve uma narração e os recursos utilizados para comunicar ideias e valores e para interessar e envolver o leitor. Parte do princípio de que as narrações deixam pontos abertos, elementos e aspectos que o leitor deve completar para que possa chegar a apreender o significado do texto. Exige, portanto, a análise dos indícios que o texto apresenta, a percepção de sua estratégia narrativa e a busca de sua intencionalidade. Como tal, a análise narrativa aplica-se somente aos relatos.

A narratologia desenvolveu-se de diferentes modos, constituindo diversas escolas,[32] que utilizam metodologias variadas,

---

[31] Cf. Pontifícia Comissão Bíblica, *A Interpretação da Bíblia na Igreja*, I, A; I, B, 1; R. Meynet, "Rhétorique biblique et sémitique: questions de méthode", *Studia Rhetorica* 29a (2009) 1. R. Meynet destaca-se, no âmbito da retórica bíblica e semítica, por ter desenvolvido sistematicamente o método: cf. *Traité de rhétorique biblique*, Paris, Lethielleux, 2007; *Studi di retorica biblica*, Bologna, EDB, 2008.

[32] Alguns autores mais significativos são: R. Alter (*The Art of Biblical Narrative*, New York, Basic Books, 1981, tradução brasileira: *A arte da narrativa bíblica*, São Paulo, Companhia das Letras, 2007); M. Sternberg (*The Poetics of Biblical Narrative*, Bloomington, Indiana University Press, 1985); J. L. Ska (*"Our Fathers Have Told Us". Introduction to the Analysis of Hebrew Narratives*, Roma, Pontificio Istituto Biblico, 1990);

baseadas seja em formas antigas da arte de narrar, seja em estudos contemporâneos. Apresenta, porém, como ponto unificador, a ideia de que o texto é um todo coerente que tem, em sua forma atual, um sentido, o qual deve ser elucidado pelo leitor. Enfatiza, desta maneira, o papel do leitor na compreensão do significado do texto. Para evitar subjetivismos e arbitrariedades, afirma, porém, o necessário respeito pelas convenções linguísticas e estilísticas presentes no texto.[33]

c) Análise semiótica

A análise semiótica ou estruturalista parte da grande valorização das estruturas linguísticas (modelos, esquemas) que estão por baixo de um texto. O texto é concebido como um sistema de relações que criam determinado efeito. No tocante à Escritura, o método desenvolveu-se particularmente no âmbito das narrativas, embora seja aplicado também a elementos discursivos presentes em textos narrativos.[34] Procura analisar os textos em nível narrativo, discursivo e lógico-semântico: quanto à evolução das ações e dos papéis; quanto à caracterização dos diversos elementos do texto (atores, tempos, lugares) e ao valor que cada um apresenta; quanto à lógica e significado subjacentes à organização do texto. Pela análise destas estruturas, busca explorar o sentido do texto.[35]

A. Berlin (*Poetics and Interpretation of Biblical Narrative*, Sheffield, The Almond Press, 1983); S. Bar-Efrat (*Narrative Art in the Bible*, Sheffield, The Almond Press, 1983).

[33] Uma apresentação dos pressupostos e dos métodos da análise narrativa encontra-se no artigo de J. L. Ska, "Sincronia: a análise narrativa", in H. Simian-Yofre, *Metodologia do Antigo Testamento*, p. 123-148. Cf. ainda J. L. Ska, *A Palavra de Deus nas narrativas dos homens*, São Paulo, Loyola, 2005; D. Marguerat; Y. Bourquin, *Para ler as narrativas bíblicas. Iniciação à análise narrativa*, São Paulo, Loyola, 2009.

[34] Pioneiro neste campo é R. Barthes (*Structural Analysis and Biblical Exegesis*, Pittsburgh, PA, The Pickwick Press, 1974).

[35] Para uma apresentação do método e sua avaliação, cf. H. Simian-Yofre, "Acronia: os métodos estruturalistas", in *Metodologia do Antigo Testa-*

Da análise estruturalista surgiram derivações, em dois sentidos diversos: o desconstrucionismo e a crítica da resposta do leitor. O *desconstrucionismo* explora a concepção que o sistema linguístico e literário próprio do autor e do leitor de um texto limita de modo decisivo o significado que dele se pode apreender. O sistema linguístico e literário determina o sentido do texto. A crítica da resposta do leitor (*reader-response criticism*), ao contrário, enfatiza o papel do leitor na construção do significado do texto, o qual jamais é fixo, mas varia de acordo com sua recepção.[36]

d) A pragmalinguística

A pragmalinguística concebe o texto como elemento de comunicação, como mediador entre emitente (autor) e destinatário (leitor), preocupando-se particularmente com o efeito que visa produzir.[37] Desenvolveu-se particularmente como análise dos textos dentro de sua competência comunicativa. Nesse sentido, sua perspectiva concentra-se em verificar a estratégia utilizada no texto para transmitir uma mensagem, atingir sua finalidade e influenciar seu leitor.

---

mento, p. 109-122; J. Barton, "Structuralism", in D. N. Freedman (org.), *The Anchor Bible Dictionary*, v. 6, p. 214-217.

[36] Cf. M. Davies, "Post structural Analysis", in D. N. Freedman (org.), *The Anchor Bible Dictionary*, v. 5, New York, Doubleday, 1992, p. 424-426; B. C. Lategan, "Reader Response Theorie", in D. N. Freedman (org.), *The Anchor Bible Dictionary*, v. 5, p. 625-628.

[37] Nomes referenciais neste campo são F. Lentzen-Deis, "La Bibbia nelle diverse culture", in R. Latourelle (org.), *Vaticano II: Bilancio e prospettive venticinque anni dopo (1962-1987)*, v. 2, Assisi, Cittadella, 1988, p. 1415-1434; "Metodi dell'esegesi tra mito, storicità e comunicazione: Prospettive pragmalinguistiche e conseguenze per la teologia e la pastorale", *Gregorianum* 73 (1992) 731-737; M. Grilli, "Autore e lettore: Il problema della comunicazione nell'ambito dell'esegesi biblica", *Gregorianum* 74 (1993) 447-459; "Evento comunicativo e interpretazione di um testo biblico", *Gregorianum* 83 (2002) 655-678; C. Mora Paz; M. Grilli; R. Dillmann, *Lectura pragmalinguistica de la Biblia. Teoria y aplicación*, Navarra, Verbo Divino, 1999.

Para a pragmalinguística, quem lê um texto deve ser capaz de reconstruir sua estratégia textual. Desse modo, inclui duas perspectivas: a observação de como o texto está desenvolvendo progressivamente seu tema; e o exame dos recursos persuasivos utilizados, levando em consideração a dinâmica e a função comunicativa dos vários elementos textuais. Na avaliação da estratégia comunicativa, tem grande importância a coerência pragmática, isto é, o sentido pragmático daquilo que está escrito. Para se chegar a este sentido, é necessário ter em conta o todo do texto, integrando os seus elementos diversos, pois a comunicação tem uma função que é *maior* do que a simples soma de significado dos termos e das frases.

Com base nos estudos sobre a análise de discursos e narrativas são identificadas as influências que o locutor pretende exercer sobre os destinatários: levando-o a um comportamento, uma ação, uma atitude; impedindo-o de fazer algo; provocando reações contrapostas entre si; anulando uma ação. Para isso, o locutor usa recursos, para atrair ou afastar o destinatário de uma ideia, um comportamento; ou para ensiná-lo sobre o que deve ou não ser feito ou pensado; ou para indicar-lhe o que lhe é ou não favorável.

3.2 Diacronia e sincronia

A crítica ao método histórico-crítico, se, de um lado, conduziu ao desenvolvimento de metodologias sincrônicas, de outro, levou, em certos âmbitos, a uma dicotomia entre diacronia e sincronia.

Certamente, como é o texto em sua forma final que é "expressão da Palavra de Deus",[38] o estudo sincrônico tem precedência lógica na exegese. Cumpre, antes de tudo, compreender o texto em sua totalidade material e de mensagem. Isto, porém, não nega a importância do estudo diacrônico. Com efeito, o fato de os textos bíblicos serem distantes, cultural e temporalmente, dos

---

[38] Pontifícia Comissão Bíblica, *A interpretação da Bíblia na Igreja*, I, A, 4.

leitores contemporâneos já por si mesmo põe em questão uma metodologia puramente sincrônica. É o estudo diacrônico que fornece a dimensão histórica do texto, sua referência ao mundo extratextual (a comunidade que o produziu e à qual foi primeiramente destinado). Esta análise aporta dados de grande valor para se compreender melhor o sentido da mensagem que o texto final apresenta. Sobretudo, ao permitir identificar a situação social, cultural e religiosa em que o texto se originou e, a partir daí, quais suas preocupações e interesses e em vista de quais problemas e circunstâncias ele foi escrito. Tais informações não só fornecem um horizonte que permite melhor compreender as asserções do texto em seu conjunto, mas ainda possibilitam uma atualização que surja do texto e não lhe seja acoplada a partir de pré-compreensões a ele estranhas.

Também em virtude da natureza histórica da revelação,[39] exige-se o conhecimento do sentido do texto na época em que foi formulado, o chamado *sentido literal*: aquele que "é expresso diretamente pelos autores humanos inspirados".[40] Este é a base para atualizar e inculturar a mensagem bíblica, na medida em que fornece as coordenadas para uma adequada analogia entre a situação atual e o que é expresso no texto:[41] em linha de princípio, quanto mais se entende o que o texto diz em seu contexto de origem, maior a possibilidade de traçar analogias pertinentes com situações atuais. Além disso, é através deste método que se pode compreender textos que apresentem fortes tensões de pensamento,[42] bem como conhecer as técnicas literárias antigas, fundamentais para se compreender o processo de releitura de tex-

---

[39] Cf. Pontifícia Comissão Bíblica, *A interpretação da Bíblia na Igreja*, III, C, 1; D, 1; Bento XVI, *Gesù di Nazaret*, p. 11.

[40] Cf. Pontifícia Comissão Bíblica, *A interpretação da Bíblia na Igreja*, II, B, 1.

[41] Cf. Pontifícia Comissão Bíblica, *A interpretação da Bíblia na Igreja*, IV, A, 2.

[42] Por exemplo, as duas tradições da entrada dos animais na arca, em Gn 6,19-20 (um casal de cada espécie animal) e Gn 7,2-3 (sete casais dos animais puros e um dos animais impuros).

tos e tradições, que ajudam a perceber a relação entre textos, particularmente entre Antigo e Novo Testamento.[43] Como, porém, é o texto em sua formulação final que interessa, em última instância, ao intérprete, é importante que o método chegue a considerar o texto final, abrindo espaço para uma leitura sincrônica. Dessa maneira, os dois tipos de metodologia não se contrapõem, mas se complementam.[44] A exegese não se pode contentar em falar do passado do texto, inclusive em suas possíveis etapas redacionais, mas deve chegar até sua forma canônica, valorizando-a como Palavra que Deus quer comunicar, sem pretender que o mais antigo seja o melhor ou mais autêntico. Um estudo puramente sincrônico, por seu lado, perderia a dimensão temporal, histórica, e cairia no perigo do fundamentalismo.

O Documento da Comissão Bíblica de 1993 coloca, por esses motivos, o método histórico-crítico como *necessário*, embora não *suficiente*. Assim se expressa:

> A respeito da inclusão, no método, de uma análise sincrônica dos textos, deve-se reconhecer que se trata de uma operação legítima, pois é o texto em seu estado final, e não uma redação anterior, que é expressão da Palavra de Deus. Mas o estudo diacrônico continua indispensável para o discernimento do dinamismo histórico que anima a Santa Escritura e para manifestar sua rica complexidade.[45]

---

[43] Cf. Pontifícia Comissão Bíblica, *A interpretação da Bíblia na Igreja*, III, A, 2.

[44] Cf. Pontifícia Comissão Bíblica, *A interpretação da Bíblia na Igreja*, I, B, 1; Conclusão.

[45] Pontifícia Comissão Bíblica, *A interpretação da Bíblia na Igreja*, I, A, 4; cf. Bento XVI, *Verbum Domini*, n. 32-33.

SEGUNDA PARTE

ETAPAS METODOLÓGICAS

INTRODUÇÃO

O método histórico-crítico é composto de diversos métodos, cada qual podendo ser considerado uma etapa metodológica de um processo mais abrangente. A partir do desenvolvimento paulatino das diversas perspectivas do método histórico, acrescentando-se a estas alguns aspectos mais recentes, atualmente se chegou a identificar as etapas que o compõem. Embora a terminologia varie, os passos principais podem ser individuados. Nem todos se adaptam a todos os tipos de texto, de forma que não precisam ser necessariamente utilizados sempre. Na determinação daqueles a serem empregados, o critério fundamental é o escopo primário da exegese, qual seja, o de determinar o sentido literal do texto.

A terminologia das etapas varia. Na apresentação a seguir, seguimos, de um lado, o modo mais generalizado atualmente; de outro, evitamos terminologia que pudesse levar a uma concepção errônea, distanciando-se do que realmente se trata. Apesar de haver aspectos específicos na exegese do Antigo e do Novo Testamento, há grande concordância nas linhas fundamentais, de modo que aqui as etapas são aplicadas a ambos.

Em vista do escopo de introduzir os métodos endereçados ao estudo científico, as fases são trabalhadas na sequência que a experiência demonstra dar mais proveitoso resultado. Embora alguns autores falem da etapa da crítica da transmissão do texto, esta não será abordada. Com efeito, sua utilidade é limitada a somente um tipo de texto (aquele que é encontrado mais do que uma vez na Escritura); além disso, em virtude de preocupar-se com a transmissão oral anterior à fixação escrita, leva a resultados altamente hipotéticos.

A *crítica textual* é uma etapa prévia e se constitui numa ciência à parte. Visa estabelecer o texto que seja mais próximo do original, optando entre as variantes encontradas nos manuscritos, julgadas segundo critérios precisos. Em si ela é anterior ao método; por isso, não será aqui abordada. Uma vez estabelecido o texto pelo trabalho de crítica textual, parte-se para a *tradução* do texto.

A *crítica literária* ou *da constituição do texto* visa determinar os limites do texto (onde se inicia e onde termina) e analisa sua unidade redacional (se provém de uma ou mais redações), sem, no entanto, indicar sua época de origem.

A *crítica da forma* averigua os aspectos linguísticos que dão a feição própria de um texto.

A *crítica do gênero literário* analisa qual seja o "tipo" de texto e procura determinar a situação típica na vida profana ou religiosa na qual o texto de estudo teve origem.

A *crítica da redação* procura determinar a época do texto e das diversas intervenções redacionais que porventura tenha sofrido, bem como entender as características teológicas e culturais e o motivo e a finalidade das intervenções feitas.

A *crítica das tradições* procura perceber o panorama de fundo (em linha de dados culturais, concepções religiosas, conjuntos de ideias, universo de imagens, estruturas de pensamento) utilizado no texto e a partir do qual foram formulados.

A análise realizada em cada uma destas etapas leva ao *comentário exegético*. Trata-se então de explicar o texto considerando sua forma final com todos os seus elementos e tendo em vista compreender a mensagem que o autor pretendeu comunicar.

CAPÍTULO 1

PRIMEIROS PASSOS: TRADUÇÃO

1. Conceitos fundamentais

O estudo exegético parte de uma primeira delimitação do texto de estudo, baseada na experiência própria do estudioso, de um lado, e nas indicações existentes nos textos originais ou em edições vernáculas, comentários e estudos especializados. Os sinais massoréticos de divisão de unidades textuais, a disposição dos textos originais nas edições críticas, as próprias tradições de divisão do texto bíblico em capítulos e versículos, por exemplo, são indicadores que servem como ponto de partida. Oportunamente, esta primeira delimitação deverá ser provada, através da crítica da constituição do texto.

A tradução é feita sobre o texto delimitado provisoriamente e submetido à *crítica textual*. Como a crítica textual constitui uma ciência à parte e é, na realidade, *prévia à análise exegética*, não será aqui tratada.

Traduzir um texto significa expressar, em outro sistema linguístico, o que é dito no texto de origem (na língua de partida). Não se trata, portanto, de uma simples equivalência palavra por palavra, mas de uma expressão, em outra língua, que respeite as normas gramaticais e sintáticas e os sentidos desta nova língua (a língua de chegada). A máxima proximidade com o sentido do texto na língua de partida não pode ser sacrificada, dessa forma,

PRIMEIROS PASSOS: TRADUÇÃO | 77

por uma formulação que torne incompreensível o texto na língua de chegada. Assim, por exemplo, o emprego de um termo em singular na língua de partida pode exigir uma tradução no plural na língua de chegada, se ele é assim utilizado na língua de chegada e/ou tem sentido coletivo na língua original. Da mesma forma, a ordem dos termos muitas vezes deve ser mudada, não só para que sejam evitadas ambiguidades de sentido, mas também simplesmente para que seja expresso de modo mais fluente o que o texto quer significar.

A finalidade deste trabalho no início do estudo exegético é apresentar uma primeira tradução do texto, que sirva de base provisória para o seu estudo. Com o decorrer da aplicação do método, o significado de termos e expressões poderá ser precisado ou modificado, de modo que a tradução pode sofrer modificações, de modo a expressar melhor o teor do texto na língua original. Um princípio útil é evitar, nesta primeira tradução, interpretações no sentido de precisar o significado de um termo ou expressão já numa determinada direção. Pois esta afinação, se feita no início, pode viciar o estudo posterior. Em realidade, só após o estudo semântico completo e a compreensão mais profunda do texto, que supõem a passagem para outras etapas do método, poderá ser precisado com segurança o sentido de alguns termos e expressões. Um exemplo ocorre em Os 10,1, onde o termo בּוֹקֵק tanto pode significar "exuberante" como "devastado". Outro exemplo é, em Gl 5,19, o termo πορνεία, que pode ser traduzido por "prostituição" ou "fornicação". Precisar um ou outro sentido no texto em questão depende da compreensão de toda a unidade textual, de modo que as possibilidades devem ser deixadas em aberto até que o estudo ulterior forneça elementos para identificar o que mais convém. Em outras palavras, no caso de, considerado o contexto, haver possibilidade de mais de um sentido de um termo ou expressão, é prudente, num primeiro momento, não optar já por um significado, deixando para defini-lo somente após o estudo completo do texto, após serem percorridas todas as etapas metodológicas.

A metodologia exegética funciona na base de um círculo, onde cada etapa traz (eventualmente) elementos para esclarecer outras. Dessa maneira, após percorrer todas as etapas, é conveniente refazer o percurso feito, agora com um conhecimento mais global do todo, ajustando e/ou modificando reflexões feitas ou conclusões a que se chegou.

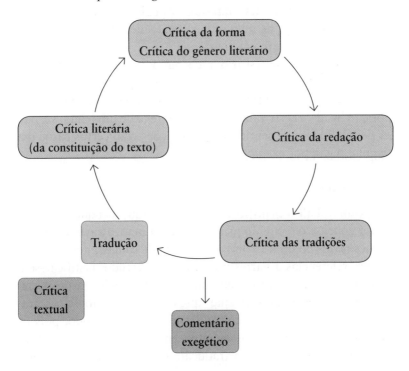

2. Como proceder à tradução

A tradução é feita fundamentalmente a partir de dicionários e gramáticas científicas.

A tradução exige algumas vezes o estudo filológico detalhado de termos e raízes para que se possa discernir seu sentido. São úteis, além dos dicionários, também as publicações que trabalhem a análise filológica dos termos em questão, como estudos especializados e comentários (na parte onde são discutidas questões de gramática e filologia). Se necessário, recorre-se também a concordâncias, para se observar o uso que é feito de um determinado termo ou raiz. O estudo filológico detém-se sobre aqueles termos e expressões que oferecem dificuldade quanto ao seu sentido. A raiz שׁוּר, por exemplo, possui três campos de significado: inclinar-se, ver; viajar; levantar-se contra alguém, rebelar-se.[1] Ela necessita, portanto, de uma reflexão mais detida sobre o sentido que apresenta no texto em questão.

Igualmente, é necessário recorrer a gramáticas científicas para se compreender e justificar o uso de expressões gramaticalmente difíceis ou o sentido que se atribui a uma determinada preposição ligada a certa raiz verbal, o emprego de um tempo verbal, as possibilidades de sentido de preposições com certos casos (na língua grega), por exemplo.

No trabalho científico

Num trabalho científico, utiliza-se a tradução a que se chegou ao ser concluído o círculo metodológico. Então, através de observações no corpo do trabalho ou em nota de rodapé, possivelmente com referências a partes posteriores do estudo, justificar-se-á (com recurso aos instrumentos utilizados) a tradução proposta. No caso de ser expressamente apresentada no trabalho, a tradução vem normalmente colocada no início do estudo, pois os passos metodológicos subsequentes, embora possam ter fornecido elementos para afinar a tradução, devem-se basear, na apresentação final do estudo, na tradução proposta. É importante, quanto a isso, guardar absoluta uniformidade entre a tradução apresentada e as transcrições do texto de estudo nas outras partes do trabalho.

---

[1] Cf. W. Baumgartner; B. HARTMANN; Y. KUTSCHER (org.), *Hebräisches und Aramäisches Lexikon zum Alten Testament*, Leiden, Brill, 1990, p. 1345-1346.

A tradução vem apresentada, normalmente, com o texto segmentado.[2] Eventualmente, pode-se recorrer a notas para explicitar que a tradução de um termo ou expressão quanto ao sentido corresponde literalmente a tal ou qual expressão na língua original do texto.

Exemplo 1: Os 14,2-3

Em Os 14,2-3 ocorrem alguns dados chamativos.

Nos v. 2-3, o verbo שׁוּב é usado com duas preposições (respectivamente עַד e אֶל); na tradução isto deve ser considerado. Se, por motivo justo, for utilizada uma mesma tradução na língua de chegada, cabe aqui uma explicação para tanto. A explicação aprofundada da possível diferença entre os sintagmas עַד + שׁוּב e אֶל + שׁוּב deve ser dada no comentário exegético e não já na tradução, pois exige a consideração de muitos outros elementos textuais.

No v. 3, ocorre a expressão gramaticalmente difícil כָּל־תִּשָּׂא, em que a partícula כָּל está ligada não a um nome, mas a uma forma verbal. Esta particularidade deve ser explicada ao se traduzir o texto.

No mesmo versículo, é usado o termo טוֹב, que apresenta uma variada gama de acepções, que vão de "bom" a "pacto". Isto deve ser considerado e a tradução será fechada somente após a compreensão global do texto, que eventualmente se terá após a passagem por todas as etapas do método.

Exemplo 2: 1Cor 11,21.25

Nestes dois versículos ocorrem questões, referentes à tradução, que devem ser discutidas.

---

[2] Cf. o capítulo sobre a crítica da forma.

No v. 21, ocorre o verbo προλαμβάνω, que pode significar simplesmente "tomar" ou ainda "tomar antes" (cf. Mc 14,8); outra possibilidade seria "comer avidamente, apressar-se para comer".[3] No v. 25, ao ser relatado o rito referente ao cálice, ocorre a expressão μετὰ τὸ δειπνῆσαι ("depois de ter ceado). Poder-se-ia entender esta expressão como referida ao cálice, indicando então o cálice posterior à ceia, o terceiro cálice da ceia pascal judaica? Ou ela deve ser ligada ao gesto de Jesus, aqui evocado (depois de cear, Jesus tomou o cálice). Esta questão resolve-se com a consulta a gramáticas científicas. Com efeito, a falta do artigo antes da expressão, que seria necessário para que ela estivesse relacionada ao cálice (τὸ μετὰ τὸ δειπνῆσαι), indica que ela dever ser relacionada ao gesto de Jesus e não ao cálice.

Bibliografia útil nesta etapa

Os trabalhos em geral mais reconhecidos e úteis nesta etapa do trabalho são:

Dicionários

ALONSO SCHÖKEL, L. *Diccionario Bíblico Hebreo-Español*, Madrid, Trotta, 1994 (tradução brasileira: *Dicionário bíblico Hebraico-Português*, São Paulo, Paulus, 2004[3]).

BARBER, E. A. *A Greek-English Lexicon.* Revised Supplement. Oxford, Clarendon Press, 1968.

BAUER, W.; DANKER, F. W.; ARNDT, W. F.; GINGRICH, F. W. *A Greek-English Lexicon of the New Testament and Other Early Christian Literature.* Chicago, The University Chicago Press, 2000[3].

BAUMGARTNER, W.; HARTMANN, B.; KUTSCHER, Y. (org.). *Hebräisches und Aramäisches Lexikon zum Alten Testament* (vol. 1-4), Leiden, Brill, 1967-1990.

BROWN, F. (org.). *The New Brown-Driver-Briggs-Gesenius Hebrew and English Lexicon*, Massachusets, Hendrickson, 1979.

---

[3] Cf. G. Fee, *Prima Epistola a los Coríntios*, Buenos Aires – Grand Rapids, MI, W.B. Eerdmans,1994, p. 614.

CLINES, D. J. A. *The Dictionary of Classical Hebrew*, v. 1-4. Sheffield, Sheffield Academic Press, 2011.

LIDDELL, H. G.; SCOTT, R. *A Greek-English Lexicon* (v. 1-2). Oxford, Clarendon Press, 1996.

MURAOKA, T. *A Greek-English Lexicon of the Septuagint*. Leuven, Dudley (MA), Peeters, 2009.

ZORELL, F. *Lexicon Hebraicum et Aramaicum Veteris Testamenti*, Roma, Pontificio Istituto Biblico, 1968.

VOGT, E. *Lexicon of biblical Aramaic*. Clarified by ancient documents. Roma, Gregorian & Biblical Press, 2011.

Gramáticas

BLASS, F.; DEBRUNNER, A. *A Greek Grammar of the New Testament and Other Early Christian Literature*. Cambridge, University Press, 1961 = Grammatica del Greco del Nuovo Testamento. Brescia, Paideia, 1997.

COMLEY, A. E. *Gesenius' Hebrew Grammar as edited and enlarged by the late E. Kautsch*, Oxford, Carendon Press, 1990.

JOÜON, P. *Grammaire de l'hébreu biblique*, Roma, Pontificio Istituto Biblico, 1923.

JOÜON, P.; MURAOKA, T. *A Grammar of Biblical Hebrew* (vol. 1-2), Roma, Pontificio Istituto Biblico, 1996 (há também tradução espanhola).

WALTKE, B. K.; O'CONNOR, M. *An Introduction to Biblical Hebrew Syntax*. Winona Lake, Ind., Eisenbrauns, 1990.

CAPÍTULO 2

CRÍTICA LITERÁRIA OU DA CONSTITUIÇÃO DO TEXTO

A crítica literária visa analisar como está constituído um texto, indicando seus limites (início e fim) e averiguando sua coesão e coerência (sua unidade). É por isso com propriedade denominada "crítica da constituição do texto".[1] Sua primeira preocupação é indicar qual seja a unidade textual, marcando seu ponto de início e seu ponto final. Todo texto supõe o desenvolvimento de um tema, com seu princípio, seus desdobramentos e a chegada a um ponto de repouso. O significado de palavras, expressões e frases depende do contexto em que se encontram. Seu conteúdo varia de acordo com a conexão que apresenta entre o que precede e segue. Daí a importância de se delimitar a unidade textual. Se cortarmos um texto antes que chegue a seu fim natural, podemos não encontrar seu real sentido, se levado até seu ponto conclusivo.

A crítica literária visa também analisar se uma dada unidade textual foi composta de uma só vez ou resultou de intervenções redacionais. Este interesse se deve ao fato de que os textos bíblicos são muitas vezes fruto de um processo redacional mais ou menos longo, de modo que tal processo pode aportar dificuldade de compreensão do texto tal como hoje se apresenta. Em Gn 6,19, por exemplo, diz-se que Noé deve levar para a arca um casal de

---

[1] Assumimos aqui a terminologia de H. Simian-Yofre, "Diacronia: os métodos histórico-críticos", in H. Simian-Yofre (org.), *Metodologia do Antigo Testamento*, São Paulo, Loyola, 2000, p. 77.

todas as espécies animais. Em Gn 7,2-3, Noé deve introduzir na arca 7 casais de animais puros e 1 de animais impuros; mas os v. 8-9 falam, como 6,19, de um casal de cada animal, independente-mente se é puro ou impuro. No mesmo relato, ainda, diz-se que a chuva caiu durante 40 dias, depois do que, após soltar a primeira ave da arca, Noé esperou ainda duas vezes 7 dias até que a terra estivesse seca (cf. Gn 7,12; 8,6-12). Em Gn 7,24, porém, as águas cobriram a terra por 150 dias e só se retiraram 1 ano e 10 dias após o início do dilúvio (cf. Gn 7,11; 8,13-14). Estas diferenças levantam a pergunta acerca da coerência de sentido do texto. A análise de como o texto está composto faz-se, então, necessária para seu entendimento. A finalidade desta análise não é simples-mente detalhar o processo de composição e redação de um texto, mas melhor entendê-lo em seu aspecto final.

1. Noções preliminares

1.1 Conceito de texto

O trabalho de delimitação textual pressupõe o conceito de texto.

Texto é uma manifestação linguística articulada que apresen-ta uma unidade comunicativa, possui coesão (conexão entre pa-lavras, expressões e frases) e coerência (possui um sentido).[2] Todo texto é, a um tempo, um todo estruturado e um evento comuni-cativo. Enquanto todo estruturado,[3] o texto é um conjunto de ex-pressões linguísticas interligadas entre si, de tal modo que umas se referem às outras e cada qual tem seu significado em conexão

---

[2] Cf. N. Discini, *Comunicação nos textos*, São Paulo, Contexto, 2005, 14; J. Dubois *et alii, Dicionário de Linguística*, São Paulo, Cultrix, 1999, p. 586.

[3] As reflexões aqui expostas levam em consideração, em parte, o expos-to em W. Egger, *Metodologia do Novo Testamento*, São Paulo, Loyola, 1994, p. 23-36.

com o contexto em que se encontra (a totalidade do conjunto).[4] Nesta ótica, texto é um sistema coeso e coerente.

Um texto não é só uma sequência de palavras ou frases, mas uma grandeza que exige *conexão* entre esses elementos de tal forma que transmite um *sentido*. A isto se chama *coesão* e *coerência*. Para estabelecer coesão e coerência, são utilizados mecanismos de retomada e antecipação do que é dito, além de mecanismos de encadeamento das diversas partes do texto.[5] A forma de relação dos diversos elementos pode ser mais frouxa ou mais rígida, pois há graus de coesão e coerência dos diversos elementos em relação ao conjunto.

A coesão e coerência ocorrem em diversos níveis:

- Em nível sintático e estilístico: observável através de pronomes de referência, palavras e expressões repetidas e conjunções que marcam a relação entre orações.

- Em nível semântico: verificável no que concerne à temática, à repetição de palavras e expressões, de ideias básicas.

- Em nível pragmático: verificável em relação ao escopo ou orientação que o conjunto persegue.

A falta de coesão e coerência é chamada de *ruptura* ou *tensão*. Ocorre quando um elemento de coesão ou coerência sofre um distúrbio. Se a tensão ou quebra é total (ou seja, se há um alto grau de falta de coesão e de incoerência), o conjunto linguístico em questão é não somente um, mas dois ou mais textos. Se existe *certa* falta de coesão ou de coerência, que, no entanto, não chega a quebrar totalmente a unidade de sentido (formando então dois ou mais textos), trata-se de um texto não homogêneo (ou *heterogêneo*).

---

[4]   Cf. J. L. Fiorin, *Para entender o texto*, São Paulo, Ática, 2002[16], p. 12.
[5]   Cf. N. Discini, *Comunicação nos textos*, p. 24.

1.2 Aplicação aos textos bíblicos

O texto bíblico é, muitas vezes, resultado de um processo de elaboração que passa por etapas de colocação por escrito, recepção, releitura (reinterpretação) e novas elaborações. Em virtude deste processo redacional, é possível que o texto, tal como o temos hoje, traga marcas das diferentes intervenções feitas durante o processo de sua formação. Dessa forma, de um lado, um texto bíblico pode ser um todo homogêneo, onde não se observam tensões de coerência e coesão; de outro, pode também apresentar rupturas. Nesse caso, suspeita-se que, durante seu processo de elaboração, tenha havido a intervenção de uma ou mais redações, da(s) qual(quais) resultou a heterogeneidade hoje presente. Tem-se então *uma unidade textual*, mas resultante de um múltiplo processo redacional mais ou menos elaborado.

Um exemplo pode elucidar estes conceitos. Is 7,1-17 é, em geral, considerado uma unidade textual (um texto). De fato, desenvolvendo o tema da fé (v. 7-9, cf. 9c: "Se não crerdes, não permanecereis firmes") é situado na ocasião da ameaça de invasão de Judá, na época de Acaz, pelos sírios e israelitas (cf. v. 1-6). Dentro deste quadro, é oferecido ao rei um sinal da proteção divina (v. 11), que, rejeitado pelo monarca, motiva o oráculo do Emanuel (v. 14-17). Em seu interior, porém, os v. 1-17 apresentam tensões, dentre os quais duas se destacam. Primeiramente, nos v. 8-9a, há um claro paralelismo entre duas frases,[6] que é, no entanto, quebrado por uma indicação cronológica (de difícil compreensão), que se encontra entre as duas sentenças.[7] Em segundo lugar, o v. 17 termina com uma expressão que se encontra solta no contexto ("o rei da Assíria"). Estas tensões exigem uma explicação, a fim de que se possa bem entender o texto em todos os seus detalhes. No entanto, elas não criam uma ruptura tal que implicasse

---

[6] Em 8a: "a cabeça de Aram é Damasco, e a cabeça de Damasco é Rezin"; em 9a: "a cabeça de Efraim é Samaria, e a cabeça de Samaria é o filho de Romelias".

[7] "Dentro de sessenta e cinco anos Efraim será destruído e deixará de ser povo": v. 8b.

tratar-se de dois (ou mais) textos. Is 7,1-17 é, assim, *uma* unidade textual (*um* texto), mas com tensões que levantam a questão de sua unidade redacional (se foi redigido de uma só vez).

Alguns escritos oferecem ainda uma dificuldade particular: a ocorrência de interrupções mais ou menos largas numa narrativa ou discurso. Este caso pode ser exemplificado com o texto de Mt 14,22-33, que relata uma cena de epifania de Jesus, onde ele vai ao encontro dos discípulos andando sobre o mar. O relato, porém, é interrompido nos v. 28-31 com o episódio de Pedro que vai ao encontro de Jesus (comparar com Mc 6,45-52).

Quanto aos critérios de coesão e coerência dos elementos textuais, na análise dos textos bíblicos deve-se considerar que são textos temporalmente distantes do leitor e intérprete atual. Assim sendo, deve-se ter em conta a possibilidade de estilos diversos e diferentes maneiras de pensar e construir linguisticamente, se comparados aos usos atuais. Em outras palavras, uma vez que a Escritura expressa uma cultura diversa da do leitor atual, deve-se contar com a possibilidade de que o que, nos padrões atuais, é visto como inconsistência possa ser um modo comum de construir na época em que foi gerado o texto.

Na análise do grau de coesão e coerência, isto é, da unidade ou não de um conjunto linguístico (se é *um* texto ou mais do que um), igual atenção deve ser dada aos elementos de coesão e coerência, de um lado, e de falta de coesão e incoerência, de outro, sem que seja privilegiado um ou outro. Assim, por exemplo, as mudanças de pessoa verbal do singular para o plural, ao se mencionar uma realidade coletiva (cf. Ex 32,1; Nm 14,4; Ez 24,19); ou a mudança de primeira para terceira pessoa em referência a Deus (cf. Is 10,24-27; Os 2,21-22); ou o retornar a uma ideia, depois de ela já ter sido aparentemente superada (cf. Jr 20,10-18). Também a repetição de informações (por exemplo, as informações sobre o comportamento do possesso em Mc 5,3.5) ou aparentes contradições (cf. Mc 5,2.6: Jesus se encontra com o possesso logo ao descer da barca ou o possesso o vê de longe e corre). Outro caso é a sucessão, por vezes rápida, de pequenas unidades, como em Mt 10,34-42, onde se sucedem três palavras

CRÍTICA LITERÁRIA OU DA CONSTITUIÇÃO DO TEXTO | 89

sobre temas diferentes: v. 34-36.37-39.40-42. Em que medida estas pequenas unidades devem ou não ser lidas em conjunto é uma questão que trará consequências para a interpretação.

Considerando que o texto, tal como se apresenta hoje, deve ter tido um sentido para aqueles que lhe deram a forma que se fixou, como princípio, uma boa orientação parece ser fixar-se primeiramente na análise dos elementos de coesão e coerência, deixando para o segundo momento a análise da falta de coesão e incoerência, e avaliar ambos, pesando seu valor no conjunto.

2. Delimitação do texto como unidade literária

2.1 Unidade literária e unidade redacional

A partir do que foi dito acima, deve-se distinguir *unidade literária* e *unidade redacional*. Um texto é uma unidade literária bem delimitada. Esta unidade pode ou não ser uma unidade redacional. Se for composta em diversos momentos (texto heterogêneo), é uma unidade literária sem unidade redacional. Se for composta em um único momento, é uma unidade literária com unidade redacional.

2.2 A importância da delimitação textual

A delimitação do texto é importante na medida em que os diversos elementos linguísticos que o compõem têm seu sentido dependente, em grande parte, do conjunto em que se encontram e do modo como estão relacionados neste conjunto. Assim sendo, o início ou a finalização de um texto num ou noutro ponto pode aportar sentidos diversos a expressões e frases, enfim, ao texto como um todo. Assim, por exemplo, considerar Jr 23,5-6 como um texto completo ou como parte de um texto que inclui os v. 1-6 implica diferenças na avaliação do sentido dos v. 5-6. Igualmente, o ensinamento de Jesus em Lc 13,1-5, se considerados os v. 6-9; ou Mc 8,31-33 considerado isoladamente ou como parte de um texto que inclui também os v. 27-30; diferentes avaliações podem trazer diversas conclusões para o estudo.

Por outro lado, a delimitação do texto não deve levar a isolá--lo. Pois um texto tem sentido também como parte de um todo maior, o contexto em que ele se localiza. Como num mosaico, uma de suas pedrinhas, tomada isoladamente, pode ser apenas uma pedra dourada, na totalidade da obra da qual faz parte, contudo, continuando a ser uma pedra dourada, torna-se o centro de uma estrela. De modo semelhante, a atenção a Jr 21,11–22,30, com vários oráculos contra reis de Judá, pode oferecer elementos para considerar de forma mais ampla a dimensão de significado de Jr 23,1-6 e particularmente dos v. 5-6. Ou ainda Mt 19,10-12 e 19,13-15 têm seu sentido mais bem identificado se considerado em relação com os versículos 1-9. Em Mc 9,2-8, a narração sobre a transfiguração de Jesus recebe novo sentido se lida em consideração com o v. 1, que fala de ver o Reino de Deus. Do mesmo modo, o pedido de Tiago e João (cf. Mc 10,35-40), se considerado o anúncio da paixão em 10,32-34. O mesmo se pode dizer acerca da localização deste texto de Mc dentro da seção 8,27–10,52, primeira etapa do caminho para Jerusalém.

Estes exemplos evidenciam que é importante localizar a unidade textual no contexto mais amplo, seja do livro ou de uma de suas partes.

2.3 Critérios para delimitação textual

Os critérios para delimitação textual são de dupla índole: temáticos e formais.

Os *critérios temáticos* dizem respeito à observação da introdução e mudança de assuntos. Tem-se uma nova unidade textual quando muda o tema que vinha sendo desenvolvido, e isto de tal forma que se verifica uma ruptura significativa para com o que vinha em precedência. Trata-se da introdução de uma nova situação, um novo ambiente geográfico, um novo momento cronológico, personagens diferentes... Deve-se analisar, em seguida, o desenvolvimento da nova temática quanto à sua coerência, ao seu sentido, até que chegue a seu ponto de repouso natural, que apresenta a solução do que fora iniciado. A verificação da existência de um novo tema após esta conclusão natural corrobora que o texto em questão chegou ao seu final e tem início outro texto. Um exemplo é Ex 17,1-7, que narra o pecado dos hebreus ao reclamarem da falta de água. O texto chega a seu fecho ao mencionar o nome que Moisés deu àquele lugar em virtude dos fatos aí acontecidos. O v. 8 dá início a outra narrativa, sobre a guerra dos amalecitas contra Israel (v. 8-16). Outro exemplo é Gn 3, cujos personagens são a serpente, a mulher, o homem e Deus. Em Gn 4,1-16, embora ainda sejam mencionados o homem e a mulher, os personagens principais são Deus, Abel e Caim. No Novo Testamento, exemplos claros são encontrados na Primeira Carta aos Coríntios, onde Paulo vai indicando passo a passo as questões a que responde (cf. 1Cor 5,1; 6,1; 7,1; 8,1). Em Mc 6,14, é introduzido Herodes, não mencionado nos versículos precedentes; em Mc 8,11 o mesmo ocorre com a menção dos fariseus; Jo 4,1-42 destaca-se claramente do que o precede e do que o segue, pelo tema e pelos personagens. Indicações cronológicas utilizadas para marcar início ou fim de perícopes são encontradas, por exemplo, em Lc 2,22-39; 2,41; 3,1; 4,14.

Os *critérios formais* são elementos gramaticais que, estatisticamente, são utilizados como *fórmulas que dão início, continuidade ou finalização* aos textos. Por exemplo, chamadas de atenção a ouvir uma palavra são muitas vezes usadas para introduzir novas temáticas e, com isso, iniciar novos textos: assim, o "ouvi esta palavra..." de Am 5,1, após o texto de 4,13. Ou a exortação "procurai", de Am 5,14, após os v. 10-13; no v. 15, a segunda exortação ("odiai o mal") continua tematicamente a mesma linha da anterior, de modo que não dá início a uma nova unidade textual, mas continua o desenvolvimento da mesma unidade. De modo semelhante, os "ais" de Am 5,18 e 6,1 podem ser considerados inícios de pequenas unidades textuais, respectivamente 5,18-20 e 6,1-7. Outro indício de início é a expressão "foi-me dirigida a palavra do Senhor" e semelhantes (cf. Jr 1,4; 2,1; Ez 17,1), ou ainda uma indicação cronológica (cf. Jó 1,6; Mc 8,1; Lc 6,1.6.12; Jo 1,35.43; 2,1.13), uma transição geográfica (cf. Mt

8,5; 13,53; Lc 4,38.40.42) ou mudança de assunto (cf. Hab 3,1; Rm 12,1; 7,1; 8,1).

A finalização é marcada por frases que apontam para a chegada à conclusão do que até então era apresentado. Às vezes podem aparecer de maneira estereotipada.[8]

A estes dois critérios, que marcam rupturas (início e fim de texto), somam-se os *critérios* que apontam para a *coesão de uma unidade textual*. São os elementos que supõem continuação (conjunções, advérbios de lugar, pronomes). Alguns exemplos são: uma conjunção com valor explicativo: Is 61,11; Dt 5,26; Mc 6,17; Gl 3,27 ("com efeito", "porque": כִּי e γάρ), em relação aos versículos precedentes; ou com valor causativo: Os 2,8.11.16; 1Ts 3,7; Hb 2,1 ("por isso": לָכֵן e διὰ τοῦτο); a introdução da fala de personagens, no meio de um diálogo: Jó 1,10 ("ele lhe disse": וַיֹּאמֶר אֵלָיו); Mc 8,4.5; Jo 5,19 (responder, perguntar, dizer: ἀποκρίνομαι, ἐρωτάω, λέγω); uma conjunção com valor adversativo: Is 14,13; Mc 6,16; Jo 5,36; Rm 15,13 ("porém": וְ, δέ).

A delimitação textual não ocorre sem a compreensão e interpretação do texto e do seu entorno. Não é necessariamente unívoca, pois a história das releituras do texto pode ter introduzido elementos de ligação ou ruptura que permitam uma *multiplicidade* de compreensões e interpretações. A introdução de referências cruzadas ou de pontes entre unidades textuais alarga o horizonte semântico do texto e orienta para sua leitura num conjunto maior. Assim, à guisa de exemplo, Os 6,1-6 pode ser lido dentro da unidade Os 5,1–7,2 ou ao menos de 5,8–6,6(7). De fato, Os 5,15 retoma e antecipa termos e ideias, respectivamente, dos versículos que precedem ou seguem. Os 6,7 começa com uma adversativa que o liga ao v. 6; ao mesmo tempo, o advérbio "lá" (שָׁם) o liga ao que o segue (que também contém referências geográficas: cf. v. 8-9). Assim também, 1Cor 1,17 faz referência ao Batismo, ligando-se, com isso, aos versículos precedentes (v.

---

[8] Alguns exemplos do Antigo Testamento são Gn 9,29; 50,26; Jz 8,32; Ez 16,63; 2Rs 20,20-21; 21,17-18. 25-26; Nm 14,45; Dt 5,22. Do Novo Testamento: Mt 7,28-29; 9,31; Lc 2,52; 4,13.37; At 15,35.

CRÍTICA LITERÁRIA OU DA CONSTITUIÇÃO DO TEXTO

10-16); mas também introduz o tema da sabedoria, que marca os v. 18-25; assim, o v. 17 inclui elementos tanto do que precede quanto do que segue, constituindo-se num versículo que tem a função de ponte entre os dois textos.

Em outras palavras, embora nem toda delimitação seja plausível (pois deve ser averiguada pelos critérios temáticos e formais), normalmente não há uma única possibilidade de delimitação, mas sim diversas.[9]

3. Averiguação da unidade

3.1 Necessidade

A averiguação da unidade literária de um texto é necessária quando se percebe, no texto, algum turbamento no desenvolvimento de sua temática. Nesse caso, pergunta-se se o texto foi ou não formulado de uma só vez. Ou seja: se é ou não uma unidade *redacional*.

Nesta etapa do método, procura-se identificar as unidades menores que compõem o texto e estabelecer a ordem em que entraram na sua formulação. Nesta ordenação, busca-se indicar a cronologia relativa das unidades menores (quais foram colocadas primeiro e quais depois e em que ordem), sem, no entanto, trabalhar a questão de sua cronologia (a época em que tiveram origem) e sua autoria, o que faz parte da crítica da redação.[10]

3.2 Critérios para a análise da unidade literária

A observação dos elementos de continuidade ou ruptura numa unidade textual abre a questão da sua unidade redacional.

---

[9] Sobre este aspecto, cf. particularmente as observações de E. Ben Zvi, *Hosea* (Grand Rapids, MI – Cambridge, Eerdmans, 2005) p. 7-8. 185 *et passim*.

[10] Cf. E. Zenger, "Los métodos exegéticos en un ejemplo tomado del Antiguo Testamento", in J. Schreiner *et alii* (org.), *Introdução aos Métodos de Exegese Bíblica*, Barcelona, 140-155; H. Simian-Yofre, "Diacronia: os métodos histórico-críticos", p. 84.

Trata-se aqui de averiguar a congruência quanto às concepções (culturais, religiosas), ao desenvolvimento da temática, ao vocabulário, estilo e gênero literário utilizados no texto. Quando o texto apresenta algum turbamento em um ou vários desses aspectos, de modo que é introduzida uma dificuldade na compreensão dele como um todo, pode-se supor que a atual unidade literária do texto seja fruto de composição ou intervenção redacional.

Não se trata de *procurar* indícios de ruptura. Estes devem, por assim dizer, *saltar aos olhos* e, com isso, exigir uma explicação para que se possa compreender o todo textual. De fato, caso se vá ao texto já com o pressuposto de que ele contém rupturas que devem ser encontradas, mesmo elementos que poderiam ser explicados dentro de uma possível continuidade podem ser supervalorizados e passar a apontar para diferentes redações. Atente-se sempre a que a finalidade do método exegético é fornecer os elementos para se compreender o texto. Desse modo, uma boa regra parece ser que não se avalie como de diferente nível redacional turbamentos que podem ser integrados sem maior dificuldade no todo textual. Na crítica da constituição do texto e da redação trabalha-se grandemente em campo hipotético, de modo que a avaliação sobre a unidade redacional pode variar consideravelmente e, embora haja grande consenso em determinados casos, o mais comum é uma variada gama de hipóteses explicativas.

A unidade literária deve ser averiguada quanto a aspectos de conteúdo e de forma linguística:

a) *Duplicação do texto em diversos contextos.* A comparação das diferentes versões de um mesmo texto pode falar em favor do acréscimo ou subtração de alguns elementos numa ou noutra forma. Assim, por exemplo, Lv 7,16-18 e 19,5-8 são textos que se repetem, embora introduzidos e continuados de modo diferente. Outros exemplos: Is 2,2-5 e Mq 4,1-3; Sl 14 e 53; Jr 23,5-6 e Jr 33,15-16; Sl 100,5 e Sl 106,1; 107,1; 118,1-2; 136,1-2; Jr 17,8 e Sl 1,3. O Novo Testamento oferece também numerosos exemplos: Mc 13,1-32, comparado a Mt 24,1-36 e Lc 21,5-33;

Mc 11,12-14 e Mt 21,18-19; Mt 21,1-11 comparado a Mc 11,1-11; Lc 19,28-38 e Jo 12,12-16. Neste particular os evangelhos, em especial os sinóticos, exigem uma comparação entre passagens paralelas, a qual permite uma melhor compreensão dos pontos advindos da tradição e da perspectiva própria de cada evangelista.

b) *Repetições* que perturbam o desenvolvimento do tema. Exemplos: em 1Rs 19, os v. 13b-14 repetem o que já foi afirmado nos v. 9-13a. Mc 5,12 traz um pedido dos demônios, que já ocorrera no v. 10.

c) *Termos e expressões* que parecem introduzir elementos novos, diferentes dos já apresentados, ou complementares. Assim, por exemplo, Zc 4,12 apresenta uma segunda pergunta do profeta, que retoma tanto a pergunta do v. 4, embora de modo mais extenso, como a pergunta do v. 11. Em Jo 3,11, ocorre uma fala de Jesus sobre o que ele "sabe" e são introduzidos diversos elementos novos (v. 11-21), a partir do gancho do tema "saber" e "não saber", que tem lugar nos v. 8-10.

d) *Tensões internas, em nível de conteúdo*, de difícil explicação. Exemplos:

- Em Jr 20,14-18, o profeta volta a se lamentar, após ter chegado à superação dos lamentos (v. 7-10) com uma profissão de confiança em Deus (v. 11-12) e uma exortação à ação de graças (v. 13).
- No Sl 51, encontram-se palavras sobre Jerusalém (v. 20-21) ao final de uma prece toda ela centrada num pedido de perdão individual (v. 3-19).
- No Sl 139, os v. 19-22 apresentam uma imprecação contra os ímpios que interrompe o desenvolvimento da meditação sobre o conhecimento insondável de Deus (v. 1-18.23-24).

- Em Jr 31,31-34, a promessa da nova aliança é feita para Israel e Judá no v. 31, mas somente para Israel no v. 33.
- Em Mc 5,25-34, menciona-se o episódio da mulher enferma, que corta o desenvolvimento da narração da cura do filho de Jairo (cf. Mc 5,21-24.35-43).
- 2Cor 6,12 – 7,1 parece interromper o desenvolvimento do pensamento de 6,11-13, que continua naturalmente em 7,2.

e) *Tensões de caráter histórico, cultural ou religioso*. Um exemplo encontra-se em Am 9,11, que menciona Davi, rei do Sul, embora o profeta, em todo o restante do livro, tenha em mente o reino do Norte. Em Lc 5,19, o telhado da casa é do tipo greco-romano (com telhas) e não palestinense (como em Mc 2,4); Mc 10,12 acrescenta um elemento só compreensível a partir do direito romano, que, diferentemente do judaico, admitia a possibilidade de a mulher despedir o marido (comparar com Mt 19,9; cf. Lc 16,18).

f) *Grande diferença de estilo*, onde se pudesse suspeitar que houvesse diferentes níveis de texto. Assim, em Os 14,2-9, os v. 6-9 apresentam imagens vegetais que estão totalmente ausentes dos versículos precedentes. E o final de Marcos (cf. Mc 16,9-20), em relação ao relato da ressurreição em 16,1-8 e ao estilo geral do segundo evangelho. Deve-se atender, no entanto, a que o estilo de um mesmo autor pode variar conforme o tema ou o momento.

g) *Mudança de gênero literário*. Assim, o canto poético do v. 12 no conjunto de Js 10,1-15; o salmo de Hab 3, após os textos dos capítulos 1 e 2; o salmo de Jn 2, entre as narrativas do livro. O hino de Fl 2,6-11 em relação ao seu contexto. Se a mudança é injustificada, cumpre analisar se provém de uma intervenção redacional.

h) *Problemas sintáticos*. Um exemplo é a mudança de pessoas gramaticais no Sl 22: com exceção dos casos em que cita uma frase, o salmista dirige-se a Deus em 2ª pessoa; mas os v. 28-30 falam de Deus em 3ª pessoa. Em Mt 9,10, há a indicação de um artigo definido (ἐν τῇ οἰκίᾳ) não claramente explicável em termos sintáticos, já que não é evidenciado, no contexto, quem seria o proprietário da casa mencionada.

i) Pluralidade semântica. Diz respeito ao uso de um mesmo termo ou expressão com variedade de sentidos; ou, ao contrário, a menção de uma mesma realidade com termos ou expressões diversas. Um exemplo encontra-se em Os 4,1-2.3: o termo "terra" (אֶרֶץ) tem o mesmo valor nos v. 2 e 3? Trata-se do país ou de "terra" em sentido geológico (solo)? Este recurso pode ser explorado como parte do estilo de um autor. Assim, por exemplo, Jo 3,8, referindo-se ao "vento" e ao "Espírito"; ou o jogo com a ideia de "ver", em Jo 9 (cf. v. 1.8.11.15.19.25.37.39).

Na avaliação da unidade literária, os dados que oferecem maior segurança para indicar o nível redacional secundário de um texto são os formais (sintaxe, estilo, vocabulário, gênero literário) e os de conteúdo (particularmente envolvendo questões de índole histórica, institucional ou religiosa). Sempre se deve atentar, porém, para a possibilidade de variação destes elementos por parte de uma mesma redação. Assim, por exemplo, gêneros literários diferentes podem-se integrar num todo coerente; a variação estilística pode-se dever a uma questão estética ou retórica; a utilização de termos diferentes para uma mesma realidade, ao objetivo de variar o vocabulário e embelezar o texto; ou, ao contrário, um mesmo termo ou expressão ganha sentidos diversos devido a uma finalidade estética; a repetição pode ser parte de um estilo que trabalha retomando e aprofundando o que já foi acenado.

3.3 Como procede a verificação da unidade

Começa-se o trabalho com a leitura atenta do texto e a indicação dos possíveis problemas ou incongruências. A seguir, reflete-se sobre os dados levantados, a partir da pergunta se eles criam uma tensão forte, que *exige* ser aquela parte do texto (ou um dado versículo, ou alguma expressão) considerada destoante no conjunto. Caso haja elementos que apontam para intervenções redacionais diversas, parte-se para a identificação das unidades menores que compõem o texto.

O passo a seguir consiste em analisar essas unidades menores, refletindo sobre como se relacionam mutuamente: quais podem ser colocadas juntas, quais podem ter tido uma mesma origem.

A partir daí, procura-se ordenar as unidades lógica e temporalmente: qual teria sido a primeira a compor o texto, pois não é suposta pela(s) outra(s); qual ou quais teriam sido acrescentadas e em que ordem. Neste momento não cabe indicar a época das camadas redacionais do texto, mas somente traçar sua *cronologia relativa*, ou seja, de uma em relação à outra: qual viria primeiro e qual depois e assim por diante.

Diversos casos podem ocorrer ao se analisar um texto redacionalmente heterogêneo. Um texto pode ser formulado a partir de uma unidade menor básica, que sofre expansões e/ou modificações. Ou pode ser formado por duas ou mais unidades que foram reunidas (sem que uma possa ser dita base para a outra): observa-se isto quando as pequenas unidades possuem características tão próprias e são tão fundamentais para o desenvolvimento do texto que não podem ser vistas como dependentes, em sua colocação no conjunto, uma da outra. Ou ainda pode ser constituído por duas ou mais unidades reunidas e que depois sofreram expansões e modificações.

É de interesse refletir sobre o sentido que o texto adquire quando as unidades menores são colocadas em conjunto (etapa de síntese). Por exemplo, se um determinado acréscimo aplicou ao reino do Sul afirmativas que primeiramente eram destinadas ao reino do Norte (assim parece o caso de Os 1,7, em relação aos

v. 2-9), é relevante perguntar sobre o motivo de tal adição. Se o mandamento novo, em Jo 13,34-35, interrompe o desenvolvimento dos v. 31-33. 36-38, cumpre perguntar qual o sentido que ele, ali colocado, aporta ao texto em seu conjunto.

Na análise da unidade, trata-se, portanto, não só de decompor o texto, mas de perceber melhor o sentido do conjunto em seu estado final. A consideração das intervenções redacionais visa entender as modificações assumidas pelo texto e seu valor conceitual, de modo a identificar *o que o texto rejeitou ou transformou ou completou*. Esta reflexão oferece o cenário conceitual para melhor se compreender o texto em sua forma final.

3.4 Síntese

Em esquema, assim procede a crítica da constituição do texto:

Passos	Para
1. Observação da presença de fórmulas introdutórias e conclusivas, de mudanças de tema, cenário e situação, de início e desenvolvimento lógico de uma temática	• Marcar o início e o fim da unidade textual • Perceber o enquadramento ou não das proposições na temática geral do texto
2. Primeira aproximação do gênero literário	• Identificar a existência de rupturas de gênero literário no interior da unidade textual
3. Análise do texto, com especial atenção a dificuldades e tensões gramaticais, sintáticas, lexicais e a interrupções temáticas	• Averiguar existência de tensões linguísticas e temáticas no texto

100 | EXEGESE BÍBLICA: TEORIA E PRÁTICA

4. Estudo do vocabulário:
 	
  • verificação de palavras significativas, repetições, tensões ou contradições semânticas no uso de um mesmo termo ou expressão;
 	
  • verificação de conceitos expressos de diferentes formas;
 	
  • observação de palavras ou expressões que sirvam de ponte para a introdução de elementos novos
	• Averiguar a existência de tensões em nível semântico
	
	• Identificar a presença ou não de formas artificiais de conjunção de elementos

5. Observação do estilo das diversas proposições, com especial atenção para elementos de diversidade	• Averiguar a existência de unidade estilística ou de diferentes estilos na unidade textual

6. Reflexão sobre o conjunto dos elementos recolhidos	• Concluir acerca da unidade redacional do texto
	
	• Em caso de o texto não ser uma unidade redacional:
	
	  • indicar as pequenas unidades redacionais que compõem o texto;
	
	  • estabelecer a relação cronológica de uma(s) com a(s) outra(s) (cronologia relativa);
	
	  • explicar a(s) modificação(ções) trazida(s) pela(s) intervenção(ções) redacional(is);
	
	  • concluir acerca do sentido global do texto final (primeira aproximação).

No trabalho científico

Num trabalho científico, a crítica da constituição do texto é trabalhada logo de início, após a tradução (com eventuais notas filológicas) e a crítica textual. São apresentados os resultados da análise, com sua argumentação. A revisão bibliográfica auxilia seja a perceber os pontos que foram considerados problemáticos na história da pesquisa, seja a tomar conhecimento da argumentação para defesa ou impugnação de um ou outro ponto de vista.

Exemplo 1: Os 14,2-9

Os 14,2 introduz, após as palavras de juízo que culminam com o anúncio da queda de Samaria (cf. 14,1), uma exortação à conversão. Esta é seguida das condições a serem cumpridas no movimento de retorno a Deus (v. 3-4). O v. 5 anuncia a "cura" da "apostasia" de Israel, ao que se seguem grandiosas promessas (v. 6-8). O v. 9 retoma o endereçamento a Israel, agora chamado de Efraim, e conclui o texto, uma vez que o v. 10, o último do livro, se apresenta mais propriamente como um princípio sapiencial que diz respeito mais ao conjunto do escrito de Oseias do que somente aos versículos anteriores.

Os v. 2-4 encontram-se interligados, na medida em que desenvolvem coerentemente o tema do chamado à conversão. Após uma primeira exortação (v. 2), é indicado o modo concreto de realizá-la (v. 3-4), que não se compreende sem o versículo anterior. A mudança de 2ª pessoa do singular para 2ª pessoa do plural, do v. 2 para o v. 3, não chega a surpreender, pois pode ser entendida como a visão do povo como entidade coletiva e, por isso, passível de ser indicada de uma ou outra maneira. No v. 3 há o início de uma prece, que continua no v. 4. Nesta parte, Deus é mencionado em 2ª pessoa (e não mais em 3ª pessoa, como anteriormente), em virtude de se tratar de palavras a serem proferidas por Israel; este mesmo fato justifica a mudança para a 1ª pessoa do plural em referência ao povo. O final do v. 4, com a menção do órfão, destoa do conjunto, mas encontra-se nele bem integrado na medida em que conclui a prece tal como fora iniciada, com um princípio

102 Exegese bíblica: teoria e prática

geral e uma referência a Deus ("tu carregas toda a culpa" – "em ti o órfão encontra compaixão").

O v. 5 dá início a um oráculo salvífico, que continua até o v. 8. A um primeiro olhar, este oráculo poderia parecer a resposta à prece dos v. 3-4; no entanto, a falta de endereçamento direto a Israel, que é referido em 3ª pessoa, e ainda o fato que a prece dos v. 3-4 não é efetivamente pronunciada, mas somente sugerida pelo profeta, indica que este oráculo não pode ser considerado simplesmente uma resposta à conversão efetivada. Isto significa que há uma ruptura entre os v. 2-4 e o que se segue.

Essa ruptura é relativizada pela menção da misericórdia para com o órfão (v. 4) e pela retomada do tema da conversão, através da imagem da cura da apostasia (v. 5). Em relação aos versículos subsequentes, o v. 5 a eles se liga enquanto conota salvação, mas, simultaneamente, deles se destaca pela ausência do vocabulário vegetal, que tão fortemente caracteriza os v. 6-8. O v. 5 aparece assim, no conjunto, como uma ponte entre os v. 2-4 e os v. 6-8, incluindo elementos tanto do que precede como do que se segue.

O v. 8 destaca-se, no contexto das imagens vegetais, pelo fato de não se referir simplesmente a Israel, mas aos "que habitam à sua sombra",[11] que, além disso, assumem uma função ativa: não só Deus fará (como nos v. 6-7), mas eles realizarão a ação de cultivar. Isto introduz certa tensão, que, no entanto, não chega a quebrar a unidade, garantida pelo uso das imagens vegetais, pela congruência entre a ideia de "reviver o grão" (v. 8) e a do "orvalho" (v. 6) e pela imagem do florescer (também presente no v. 6).

O oráculo salvífico é interrompido, no v. 9, com uma interpelação direta a Efraim. Essa formulação retoma o endereçamento a Israel em 2ª pessoa, que deu início ao texto (v. 2). No entanto, o versículo continua, referindo-se a Israel em 3ª pessoa e usando imagens tiradas do mundo vegetal ("cipreste verdejante", "fruto"), o que o liga aos v. 6-8. Utilizando, assim, formas tanto da introdução como do desenvolvimento do texto, o v. 9 apresenta--se como um fecho ao todo e garante sua unidade.

---

[11] Seguindo o texto hebraico. A Setenta traz "à minha sombra".

A partir destas considerações, os v. 2-9 formam uma unidade textual, mas com tensões que sugerem um trabalho redacional. As diferenças de vocabulário e temática entre os v. 2-4 e v. 6-8 indicam duas origens diversas. O v. 5 e o v. 9, por sua vez, por apresentarem elementos tanto de uma como de outra parte, parecem ter sido introduzidos com a finalidade de unir os dois conjuntos num único todo. Estes dois versículos, todavia, apresentam diferenças de terminologia e de temática, de modo que não é claro que tenham provindo de uma mesma mão.

Como os v. 6-8 dificilmente poderiam ser colocados diretamente após as duras palavras de 13,1–14,1, supõe-se que ele depende, para sua colocação, dos v. 2-4, sendo estes, portanto, logicamente anteriores àqueles.

A colocação em conjunto da exortação à conversão e do oráculo salvífico introduz a pergunta acerca da relação entre conversão e salvação. Para esclarecimento desta relação, o v. 5 mostra-se decisivo, por ser a ponte redacional que liga uma e outra parte.

Exemplo 2: 1Ts 4,13-18

Após relembrar as boas relações com os tessalonicenses e as notícias trazidas por Timóteo (cf. 1Ts 2,1 – 3,13), Paulo exorta os fiéis para a santidade de vida (cf. 4,1-12). Passa, em seguida, a tratar da questão da ressurreição dos mortos e da parusia (cf. 4,13–5,11), dois pontos centrais da temática doutrinal anunciada no início da carta (cf. 1,10).

1Ts 4,13 dá início a uma unidade, ao declarar um tema novo, a sorte dos mortos, princípio este marcado ainda pelo vocativo ("irmãos"). Este tema é fundamentado no v. 14 a partir da ressurreição de Jesus, do que se tiram as consequências no v. 15. Os v. 16-17 continuam o mesmo tema, explicitando os eventos da parusia do Senhor. O v. 18 apresenta uma exortação que corresponde ao v. 13: "não fiqueis tristes... consolai-vos uns aos outros". O capítulo 5, de sua parte, repete, com pequena variação, o vocativo utilizado em 4,13 ("meus irmãos", v. 1) e apresenta

104   Exegese bíblica: teoria e prática

uma nova temática (v. 2: o momento da parusia), de modo que se justifica distinguir, do contexto, o texto de 4,13-18.

Os destinatários são endereçados em 2ª pessoa do plural (v. 13.15.18) e os mortos, de cuja sorte ele fala, aparecem sempre em 3ª pessoa do plural (v. 13.14.15.16.17). Por vezes o autor se insere na descrição da vinda do Senhor, de modo a usar a 1ª pessoa do plural (v. 15.17), mas sem que com isto se turbe o desenvolvimento do tema, que corre naturalmente. Dessa maneira, os v. 13-18 desenvolvem o tema de modo coerente e lógico, sem perturbações, o que sugere tratar-se de uma perícope redacionalmente unitária.

Exemplo 3: Mc 1,40-45

Não há uma mudança cronológica em relação ao que precede. No entanto, surge um novo personagem, o leproso; e o tema muda: enquanto os versículos anteriores chegam ao tema da pregação de Jesus, os presentes concentram-se na cura de um leproso, enquanto 2,1ss menciona a cura de um paralítico. Em 2,1 há também uma mudança temporal e geográfica. Assim sendo, justifica-se a delimitação dos v. 40-45 como uma perícope com um sentido próprio.

O desenvolvimento do tema é turbado especialmente por dois motivos. Em primeiro lugar, no v. 44, parece haver uma contradição no fato de que Jesus dá ordem de calar-se, mas ao mesmo tempo manda que o curado vá ao sacerdote. Não é necessário, porém, supor duas redações, uma que traria a ordem de nada dizer e outra que traria a de ir mostrar-se ao sacerdote. As duas ordens podem ser vistas em conjunto, na medida em que a ida ao sacerdote significa comprovar a cura (o "testemunho", de que fala o v. 44), e não explicar o modo como ela se deu. Em segundo lugar, no v. 45, a questão consiste não só no contraste entre o que aqui é descrito e a ordem de Jesus de nada falar do ocorrido, como ainda no fato de que não aparece a ida do leproso ao sacerdote, o que daria continuidade natural ao relato. Comparado com os relatos paralelos de Mt 8,1-3 e Lc 5,12-16, o v. 45 aparece como anotação própria do evangelista.

Mc 1,40-45, dessa forma, apresenta-se como uma unidade textual composta basicamente de um texto vindo da tradição (v. 40-44) e uma nota redacional (v. 45).

CAPÍTULO 3

CRÍTICA DA FORMA

1. Conceitos fundamentais

Todo texto apresenta uma organização, que depende de seus elementos linguísticos, do modo como são utilizados e ordenados. No início do século XX, H. Gunkel, partindo do pressuposto de que todo texto bíblico tem atrás de si uma fase de oralidade, estudou as narrações do livro do Gênesis e os Salmos, procurando revelar essa fase pré-textual.[1] Detinha-se em analisar os conceitos, as formulações do texto, o conjunto de ideias que ali se apresentavam e, com isso, chegar a indicar o ambiente social, cultural e religioso em que se radicava o texto em sua fase oral. Identificava as pequenas unidades literárias que estavam na base do texto e que lhe deram origem, ao que chamava de "forma". Daí sua análise chamar-se crítica das formas ou *Formkritik*. Comparando textos que apresentavam formas similares, pretendia ainda ordená-los sequencialmente, descrevendo assim o itinerário da "forma", a partir de sua apresentação original até sua formulação mais complexa (a *história das formas* ou *Formgeschichte*). Sua análise

---

[1] Cf. H. Gunkel, *Genesis*, Göttingen, Vandenhoeck & Ruprecht, 19646, p. VII-XIII; *Introducción a los Salmos*, Valencia, Edicep, 1983, p. 15-43. Sobre a história do método e a descrição da terminologia, cf. J. Barton, "Formcriticism (OT)", in D. N. Freedman (org.), *The Anchor Bible Dictionary*, v. 2, New York, Doubleday, 1992, p. 838-841.

chegava então a identificar o gênero literário (*Gattung*), ou seja, um modelo linguístico típico que estaria na base dos textos. Ainda segundo Gunkel, toda tradição oral estaria ligada a uma determinada situação, a um ambiente (culto, direito, clã, educação, vida na corte, catequese, polêmica...), e, através da comparação das formas e dos gêneros literários de diversos textos, poder-se-ia postular o ambiente, a *situação de vida* (*Sitz im Leben*) na qual surgiram uma forma e um gênero.

A terminologia e a metodologia de Gunkel sofreram várias modificações com o passar dos anos e, sobretudo, após os estudos linguísticos da segunda metade do século XX, adquiriram novos significados e orientações. Por influência dos métodos de corte sincrônico, o termo "forma" passou a indicar a configuração linguística peculiar a um texto.[2] É o modo como um texto está organizado, o modo como os diversos elementos são utilizados e se inter-relacionam. A "forma" de um texto é depreendida da análise de todos os seus elementos linguísticos, nos âmbitos sintático, lexicográfico, estilístico (incluindo este os aspectos fonemáticos). A análise da forma visa, como ponto de chegada, desvendar como um texto está organizado, ou seja, descrever sua estrutura. Dentro desta perspectiva, a análise da forma não se preocupa com o texto em sua hipotética formulação oral (como era o ponto de vista de Gunkel), mas com o estudo do texto em sua configuração final, já supostas todas as possíveis etapas de sua redação.[3]

---

[2] Cf. E. Zenger, "Los métodos exegéticos en un ejemplo tomado del Antiguo Testamento", in J. Schreiner *et alii* (org.), *Introdução aos Métodos de Exegese Bíblica*, Barcelona, Herder, 1974, p. 156; H. Simian-Yofre, "Diacronia: os métodos histórico-críticos", in *Metodologia do Antigo Testamento*, São Paulo, Loyola, 2000, p. 94.

[3] Esta é a modalidade em que é considerada a crítica da forma aqui. A crítica da forma pode ser ainda empregada para finalidades estritamente diacrônicas, isto é, descrever a história de utilização de uma determinada forma. Cf., sobre os diferentes modos de emprego da crítica da forma e dos gêneros: M. Bauks, "Analisi delle forme e dei generi e storia delle

Identificar a estrutura de um texto é um passo importante na sua compreensão, pois permite melhor avaliar seus diversos elementos e perceber como estes elementos se conjugam em vista do que o texto quer comunicar. Pode-se depreender, assim, o que é principal e o que é secundário, o que é central e o que é marginal. Com isso, a análise da forma é uma etapa de grande relevância na exegese.

2. Como procede a crítica da forma

Para se identificar e descrever a estrutura do texto, é necessário analisar os elementos linguísticos em seus diversos âmbitos. O primeiro âmbito a ser estudado é o da sintaxe, uma vez que esta, em grande parte, está na base dos outros elementos. Mostra-se útil seguir, no segundo momento, com a análise lexicográfica, deixando para a etapa seguinte a análise estilística. A partir destas três análises emerge a configuração do texto e, com isso, sua organização (estrutura).

2.1 Análise sintática

A análise sintática consiste no estudo dos períodos e seus elementos na sua singularidade e em sua articulação com outros, para melhor compreensão do texto em seus detalhes e no seu conjunto. Normalmente, a seguinte ordem de procedimento mostra-se útil, embora o estudioso possa eventualmente modificá-la, a partir de sua própria experiência com os textos:

a) Segmentar o texto, separando em linhas as suas proposições. Para cada oração (proposição com verbo conjugado explícito ou implícito), uma linha. A cada linha pode-se atribuir uma letra, na ordem alfabética. Esta subdivisão do texto, respeitando a numeração dos versículos e

---

tradizioni", in M. Bauks; C. Nihan (org.), *Manuale di esegesi dell'Antico Testamento*, Bologna, EDB, 2010, p. 104.

atribuindo letras às suas subdivisões, evita indicações pouco claras.

	Um exemplo: Os 14,2-3b
2a	**Volta**, Israel, ao Senhor teu Deus
b	porque **tropeçaste** em tua culpa.
3a	**Tomai** convosco palavras
b	e **voltai** ao Senhor.

	Um segundo exemplo: Rm 1,16-17
16a	De fato, não me **envergonho** do evangelho:
b	de fato, **é** força de Deus para a salvação de todo aquele que crê,* do judeu primeiro, e também do grego.
17a	De fato, nele a justiça de Deus se **revela** da fé para a fé,
b	como **está escrito**:
c	o justo **viverá** pela fé.

* No grego, é uma forma participial do verbo; portanto, não um verbo conjugado.

Em negrito estão os verbos conjugados, primeiro indício para a distinção de orações.

b) Em seguida, procede-se à análise sintática das proposições, indicando:

- os tipos de oração: nominais ou verbais;

- as formas verbais que são empregadas: *qatal*, *yiqtol*, *wayyiqtol*, *weqatal*, formas volitivas (imperativo, coortativo, jussivo) – para o hebraico; tempos e modos

110   EXEGESE BÍBLICA: TEORIA E PRÁTICA

– para o grego; observar se são formas ativas, passivas, causativas, intensivas;

- a posição dos nomes nas frases; por exemplo, se algum nome está em posição enfática;

- a relação entre as proposições: quais são principais, quais secundárias e em qual tipo de relação (coordenação, subordinação, com sentido explicativo, conclusivo, final etc.). Aqui, observam-se o uso e a frequência das conjunções (se são causais, explicativas, finais, condicionais etc.).

c) Observam-se o uso e a frequência de morfemas: prefixos, sufixos, infixos, desinências; preposições, conjunções; o indicador de complemento direto, para o hebraico.

d) Observam-se o uso e a frequência de nomes e advérbios: quais substantivos, adjetivos e advérbios aparecem, em que quantidade; se os nomes estão em singular ou plural, estado absoluto ou constructo; como são utilizados os pronomes; de que tipo são os advérbios (de tempo, de intensidade, de modo, de negação etc.); se há termos em posição de destaque.

Estas observações ajudarão a ver se numa parte do texto se concentram alguns tipos de construção das orações, ou algumas formas verbais, tipo de nomes, advérbios, preposições, dos diversos morfemas. Estes são indícios da organização do texto e poderão ser úteis na percepção de sua estrutura.

Ajuda a visualizar a estrutura, a confecção de tabelas que destaquem os diversos elementos das frases, as orações e seus tipos, enfim, todos os elementos sintáticos observados. Outra maneira de visualizar a estrutura do texto é dispô-lo de modo a destacar os elementos.

CRÍTICA DA FORMA 111

Os dois exemplos abaixo visam tão somente deixar claro o modo de compor tabelas. Como a questão da análise sintática pode ser discutida e não é o caso aqui de tratar de todos os detalhes, limitamo-nos a indicar o tipo de proposição (verbal ou nominal) e o tipo de complemento (quanto ao texto hebraico) e os casos (quanto ao texto grego), sem entrar na discussão do valor sintático de cada elemento. Chamamos a atenção, contudo, para que este primeiro discernimento dos elementos já oferece dados para perceber os termos que se repetem, que valor ocupam (sujeito, complemento...), que tipo de proposição é empregado – abrindo, assim, para uma mais profunda compreensão do texto.

Exemplo 1: Os 14,2-3b

Conjunção	Verbo	Vocativo	Complemento preposicionado	Complemento direto	Complemento adverbial
	Volta	Israel	ao Senhor teu Deus		
porque	tropeçaste				em tua culpa
	Tomai		convosco	palavras	
e	voltai		ao Senhor		

Distribuindo o texto graficamente:
Volta, Israel, ao Senhor teu Deus *proposição verbal*
    porque tropeçaste em tua culpa. *proposição verbal*
Tomai convosco palavras *proposição verbal*
e *voltai* ao Senhor. *proposição verbal*

Exemplo 2: Rm 1,16-17

Conjunção	Sujeito	Advérbio	Verbo	Complemento nominativo	Complemento acusativo	Complemento dativo	Complemento genitivo
de fato	(eu)	Não	me envergonho		do evangelho		
de fato	(ele)		é	força de Deus	para (εἰς) a salvação		de todo aquele que crê
		primeiro					do judeu
e também (τὲ...καί)							e também do grego
de fato	a justiça de Deus		se revela		para a (εἰς) fé	nele	da (ἐκ) fé
como			está escrito				
(porque: δέ)	o justo		viverá				da (ἐκ) fé

Distribuindo o texto graficamente:

    De fato, não me envergonho do evangelho: *proposição verbal*

        de fato, é força de Deus <u>para</u> a salvação de todo aquele que crê   *proposição verbal*

                  do judeu primeiro e também do grego.

    De fato, nele a justiça de Deus se revela da fé <u>para</u> a **fé**.   *proposição verbal*

       Como está escrito: *proposição verbal*

         O justo viverá da **fé**.   *proposição verbal*

Nesta fase do trabalho, utilizam-se gramáticas, estudos especializados, monografias e comentários (na parte em que são discutidas questões gramaticais e sintáticas).

A partir desta análise, chega-se a uma primeira indicação da organização do texto, que será depois confrontada com as observações lexicográficas e estilísticas, para seu aperfeiçoamento ou revisão.

2.2 Análise lexicográfica (semântica)

Na análise da forma, o estudo lexicográfico (semântico) reduz-se ao que é necessário para observar o vocabulário utilizado. Em si, nada acrescenta à tradução e ao estudo filológico feito anteriormente. Só posteriormente (ao se proceder ao comentário ao texto) terá lugar a análise semântica completa, onde serão estudados mais profundamente o sentido e o uso dos termos e expressões, com seu valor. No atual ponto do estudo, a análise semântica detém-se na observação do "tipo" de vocábulos usados:

- *verbos*: se são verbos de ação, de movimento, de estado, de dicção etc.; se é possível identificar alguma organização na sua utilização ou relação entre eles;

- *nomes (substantivos, adjetivos, pronomes, advérbios)*: se são abstratos, concretos, pertencentes a um determinado âmbito (p. ex. âmbito vegetal, animal, pessoas, partes do corpo humano, objetos, esferas do cosmo, se possuem alto valor teológico no seu uso em geral etc.); se estão colocados em escala (do menor para o maior, do geral para o específico, ou vice-versa);

- *partículas (conjunções, preposições e outras)*: se têm sentido de direção, de explicação, de condição ou irrealidade, se são partículas enfáticas etc.

Neste momento, são utilizados dicionários, que orientarão quanto ao sentido dos diversos elementos textuais.

Como na análise sintática, na análise lexicográfica atenta-se ao uso e à frequência dos diversos elementos textuais, também com a finalidade de perceber sua distribuição e utilização no texto. A estrutura detectada em nível sintático é aqui testada.

114   Exegese bíblica: teoria e prática

Quanto maior a correspondência da organização em nível lexicográfico com a organização em nível sintático, maior a coerência das análises feitas. Os dados levantados na análise lexicográfica podem ajudar a entender melhor a organização também em nível sintático, aprimorando-a ou modificando-a.

2.3 Análise estilística

Concentra-se na identificação e avaliação das figuras de estilo utilizadas no texto, dentre as quais se colocam os recursos fonéticos acaso utilizados (aliterações, paronomásias, rimas etc.).

A análise estilística permite compreender melhor o sentido de palavras e expressões e sua dimensão de significado no texto, avaliando a sua força persuasiva ou sua força evocativa e impactante.

Para proceder à análise estilística, é necessário conhecer as figuras de estilo bíblicas. Para isso, são utilizados manuais, cujas informações são aplicadas ao texto em estudo.

Também nesta etapa do método, a observação dos recursos linguísticos serve a confirmar ou corrigir a organização do texto anteriormente detectada em nível sintático e lexicográfico. A frequência de determinados recursos estilísticos pode, por exemplo, demarcar seções. Ao mesmo tempo, tal atenção complementa a análise lexicográfica, pois permite avaliar melhor o sentido dos diversos elementos textuais. Os elementos fonemáticos não têm normalmente muita relevância no que concerne à organização do texto. Assim, se neste momento não forem relevantes, podem ser aproveitados no comentário exegético.

2.4 A estruturação do texto

A partir da análise feita, chega-se a descrever a estrutura do texto e, com isso, estabelece-se a *forma* do texto em todos os seus aspectos. Em nível semântico, observa-se se o texto apresenta uma introdução e conclusão, quais as suas partes, qual seu ponto alto, seu ponto central, quais as ideias principais e as secundárias. Importa não só indicar as seções do texto, mas refletir sobre como estas se articulam, apresentando assim o valor de cada parte no todo. Isto significa que a análise da estrutura deve permitir

CRÍTICA DA FORMA 115

responder às seguintes questões:[4] Qual a finalidade do texto: que quer ele comunicar? Qual o seu ponto central? Como se articulam os elementos secundários com o ponto central do texto e com sua finalidade? A leitura de comentários, monografias e estudos especializados que trabalhem a estruturação do texto ajudam o estudioso a perceber os elementos a serem considerados. Ela pode fornecer elementos para reflexão. Não deve substituir o trabalho pessoal.

No trabalho científico

Na formulação de um trabalho científico, a análise da forma é apresentada naqueles pontos a que chegou o estudo, consideradas as etapas acima indicadas e a leitura de bibliografia pertinente. Não se apresentam todos os pormenores que o trabalho pessoal precisou considerar, mas somente os dados necessários a fundamentar a organização proposta. É útil também discutir com os autores que apresentem maneiras diversas de entender a organização do texto, justificando-se o próprio ponto de vista. A bibliografia secundária pode também servir para confirmar análises e reflexões feitas no trabalho pessoal.

Exemplo 1: Os 14,2-4

Os v. 2-4 formam uma primeira parte do texto de Os 14,2-9.[5] Na apresentação a seguir, sublinhados e flechas indicam relações entre termos e expressões, que servem a mostrar os tipos de vocábulos usados e o modo como o texto está configurado. Tais conexões são base para uma melhor compreensão desta parte do texto, de seu ponto central (seu tema principal, seus temas integrantes, sujeitos e destinatários das ações). O texto está segmentado e está suposta sua análise sintática.

Sua organização assim se apresenta, em esquema:[6]

---

[4]   Cf. E. Zenger, "Los métodos exegéticos", p. 158.
[5]   Para a distinção das seções neste texto, cf. M. L. C. Lima, *Salvação entre juízo, conversão e graça*. p. 76-78.
[6]   Cf. M. L. C. Lima, *Salvação entre juízo, conversão e graça*, p. 78-83.

Volta, Israel, ao **Senhor teu Deus**	**Exortação genérica:** chamado à conversão
porque tropeçaste em tua **culpa.**	motivação
Tomai convosco **palavras**	(singular)
e *voltai* ao **Senhor.**	(plural) indicação do modo
	repetição do chamado
Dizei-lhe:	transição para o detalhamento do modo:
	Exortação específica:
Tu carregas toda a **culpa:**	*princípio – genérico*
aceita o pacto	conteúdo *especificado:* → pedido de aceitação +
e retribuiremos touros, **nossos lábios.**	promessa (2 elementos)
A Assíria não nos **salvará,**	→ confissão de renúncia:
não montaremos a cavalo	3 elementos em 2 grupos: 3ª pessoa; 1ª pessoa
e **não diremos** mais "nosso **Deus**" à obra de **nossas mãos,**	
porque em ti o órfão encontra compaixão.	*princípio – genérico*

CRÍTICA DA FORMA

Quem fala, nas primeiras quatro linhas, é o profeta; usa três imperativos, o primeiro em singular, referido a Israel; os outros dois em plural, mas implicitamente também se referindo ao povo. O verbo "voltar", com sentido de conversão, abre e fecha estas linhas. No meio das duas ocorrências coloca-se a motivação para a conversão ("porque tropeçaste...") e o modo como o profeta espera o retorno a Deus ("tomai convosco palavras").

Um quarto imperativo ("dizei-lhe") forma uma transição para palavras que o profeta sugere sejam pronunciadas pelos destinatários e dirigidas ao Senhor. Seguem-se estas palavras, organizadas entre uma abertura em tom genérico e um fechamento também em tom genérico, orientadas diretamente a Deus ("Tu carregas toda a culpa"; "em ti o órfão..."). Na abertura retorna o termo "culpa", que aparecerá como motivação do chamado à conversão; constitui-se, assim, como ponte entre o chamado à conversão e as palavras que a devem demonstrar.

Entre a abertura e a conclusão destas palavras está especificado seu conteúdo, formado por dois momentos:

a) um pedido de aceitação, seguido de uma promessa – a qual retoma o tema da "palavra", pelo emprego do termo "lábios", aposto a "touros", que evoca, por sua vez, a ideia de sacrifício;

b) uma confissão de renúncia, com três elementos marcados pela partícula negativa: o primeiro em terceira pessoa do singular, refere-se à Assíria, como renúncia aos meios políticos de salvação; o segundo e terceiro em 1ª pessoa do plural, referida ao povo, diz respeito à renúncia aos meios bélicos e aos ídolos. Na última renúncia retorna o tema da palavra, agora em maneira negativa ("não diremos"): as palavras que devem ser ditas não são mais aquelas que antes eram pronunciadas. Nesta última renúncia existe ainda a menção de uma parte do corpo ("mãos"), que pode ser relacionada com outro elemento do corpo anteriormente mencionado ("lábios"): o profeta exige arrependimento e não mais "obra das mãos".

A confissão de culpa é concluída com uma profissão de confiança na misericórdia de Deus, através do uso da imagem do órfão.

Em síntese, esta seção do texto apresenta-se organizada em duas subunidades: o chamado propriamente dito e a especificação de como se deve dar. Central no movimento do retorno ou conversão do povo é, segundo o texto, a palavra – e não os atos sacrificais – como expressão de atitudes reais a serem tomadas.

Exemplo 2: 1Ts 4,13-18

Também neste exemplo são usados sublinhados e flechas para marcar relações entre termos e expressões, mostrar os tipos de termos usados e o modo como o texto está organizado.

Não queremos que ignoreis, **irmãos,**
O que se refere **aos que dormem,**   x
      para que não vos entristeçais como **os outros,**
                        os que não têm esperança.
Se cremos   *ponto de partida*
      que **Jesus** morreu
      e ressuscitou,
Assim também os que dormem,   *ponto de chegada*
Deus há de levá-los, por meio de **Jesus,** com ele.
Isto, pois, vos **declaramos,** segundo a **palavra** do **Senhor:**
      que **nós, os vivos,**
            os que ficarem para a **parusia** do **Senhor,**
      não precederemos os que dormem.
      Porque o mesmo **Senhor,**   ao clamor proferido,
                                              à voz do arcanjo
                                              e à trombeta de **Deus**

      descerá do céu
      e **os mortos em Cristo** ressuscitarão primeiro.
      Depois nós, **os vivos, os que ficarmos,**
      com eles seremos arrebatados   nas nuvens,
                                  ao encontro do **Senhor,**
                                              para os ares.
      E assim em todos os tempos[7] (= **sempre**) estaremos com o
      Senhor.
Consolai-vos, pois, **uns aos outros** com estas **palavras.**

---

[7]   Outra possibilidade: "de todas as partes".

O texto se abre com o anúncio do tema (v. 13): a sorte dos que morreram. O v. 14 apresenta a tese central, aquilo que Paulo quer provar: "se" (uma vez que) ... "assim os que dormem...". A explicação desta tese, com os argumentos de Paulo, segue-se nos v. 15-17. O texto se conclui com uma exortação final (v. 18). Cada uma das partes do texto apresenta um esquema próprio:

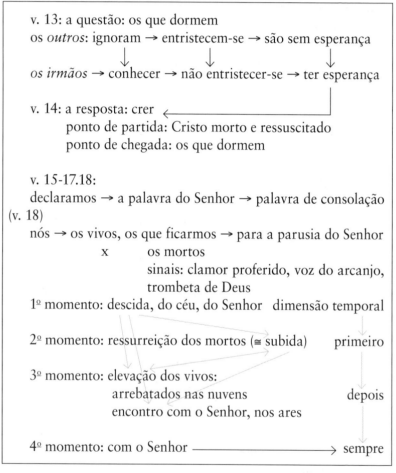

A partir dos exemplos acima, pode-se verificar a importância de uma observação detalhada da forma do texto. A percepção dos elementos que a constituem e de sua organização abre de modo imediato a porta ao comentário exegético, que deve então aprofundar os dados levantados na análise da configuração do texto.

Obras úteis nesta fase do trabalho:

Gramáticas científicas

BLASS, F.; DEBRUNNER, A.; REHKOPF, F. (org.). *Grammatica del Greco del Nuovo Testamento*. Brescia, Paideia, 1997[2].

COMLEY, A. E. *Gesenius' Hebrew Grammar as edited and enlarged by the late E. Kautsch*. Oxford, Clarendon Press, 1990.

JOÜON, P. *Grammaire de l'hébreu biblique*. Roma, Pontifício Instituto Bíblico, 1923.

JOÜON, P.; MURAOKA, T. *A Grammar of Biblical Hebrew* (2 vol.). Roma, Pontifício Instituto Bíblico, 1991. Tradução espanhola: *Gramática del hebreo bíblico*. Estella (Navarra), Verbo Divino, 2007.

Dicionários

ALONSO SCHÖKEL, L. *Dicionário bíblico Hebraico-Português*, São Paulo, Paulus, 2004[3].

BAILLY, A. *Le Grand Bailly*. Dictionnaire Grec Français. Paris, Hachette, 2000.

BAUMGARTNER, W.; HARTMANN, B.; KUTSCHER, Y. *Hebräisches und Aramäisches Lexikon zum Alten Testament* (vol. 1 – 4). Leiden, Brill, 1967 – 1990.

BROWN, F. (ed.). *The New Brown – Driver – Briggs – Gesenius Hebrew and English Lexicon*. Peabody, Hendrickson, 1979.

HOLLADAY, W. L., *Léxico Hebraico e Aramaico do Antigo Testamento*. São Paulo, Vida Nova, 2010.

LIDDELL, H. G.; SCOTT, R. (org.). *A Greek-English Lexicon*. Oxford, Clarendon Press, 1968[9].

ZORELL, F. *Lexicon Hebraicum et Aramaicum Veteris Testamenti*. Roma, Pontifício Instituto Bíblico, 1968.

Manuais para análise estilística

ALONSO SCHÖKEL, L. *Hermeneutica de la Palabra. II: Interpretación literaria de textos biblicos.* Madrid, Cristiandad, 1987.

WATSON, W. G. E. *Classical Hebrew Poetry. A Guide to its Techniques.* Sheffield, Sheffield Academic Press, 1984.

CAPÍTULO 4

CRÍTICA DO GÊNERO LITERÁRIO

1. Conceitos fundamentais

A crítica do gênero literário está ligada, desde os seus inícios, à noção de "forma". Sendo a forma a apresentação particular de um texto, a organização de seus diversos elementos, o termo *gênero* indica o esquema formal que se encontra por baixo desta configuração e que é comum a outros textos.[1] *Gênero Literário* é, portanto, um "tipo"[2] de organização de elementos linguísticos que está presente ao menos em dois textos. É o modelo literário sobre o qual é construído o texto, uma maneira mais ou menos fixa (pois se deve contar com a possibilidade de variações) de desenvolver um texto, maneira esta ligada, por vezes, ao uso de determinado vocabulário.

Uma unidade textual pode apresentar gêneros diversos. Importa então observar como são usados e com que finalidade. Se vários gêneros estão unidos, confluindo num único texto, é necessário averiguar sobre como eles se integram de modo a moldar um *único* texto.

Dois exemplos deixam claro este fato.

---

[1] Cf. J. Barton, "Form Criticism (OT)", in D. N. Freedman (org.), *The Anchor Bible Dictionary*, v. 2, New York, Doubleday, 1992, p. 839.

[2] E. Zenger, "Los métodos exegéticos", in J. Schreiner (org.), *Introducción a los Métodos de la Exégesis Bíblica*, Barcelona, Herder, 1974, p. 168.

a) Em Os 14,2-9, há dois gêneros literários distintos: o texto se inicia com uma exortação profética (v. 2-4), seguida por um oráculo de salvação (v. 5-8) e uma exortação final em forma de conclusão (v. 9). Trata-se, no entanto, de uma única unidade textual, pois as retomadas de vocabulário e temática feitas na conclusão integram as duas partes. A reflexão acerca do significado das diversas partes, incluindo a atenção aos elementos linguísticos que relacionam as duas entre si, evidencia que o oráculo salvífico serve de motivação à exortação. O gênero literário que domina o todo seria, então, o exortativo, de modo que o texto *como um todo*, embora constituído por dois gêneros literários diferentes, apresenta-se como uma exortação à conversão.

b) At 14,8-11 narra a cura do aleijado, que continua numa narração (v. 12-14) e num discurso (v. 15-17), concluído, por sua vez, com o fecho do v. 18, que retoma os fatos narrados nos v. 12-13. A sucessão de diversos gêneros levanta a pergunta sobre qual seria *o* gênero da perícope.

Em outras palavras, mesmo quando há diversos gêneros, deve-se refletir sobre *o gênero* do texto, aquele que o caracteriza em sua totalidade e que atua como fator de integração dos outros gêneros, que lhe são então subordinados.

A identificação do gênero literário tem grande importância no trabalho exegético, pois permite mais acertadamente compreender o sentido e a dimensão, a função e a finalidade de um texto em seus detalhes e em sua totalidade.[3]

---

[3] Sobre a importância da consideração dos gêneros literários, cf. Concílio Vaticano II, *Constituição dogmática Dei Verbum*, Roma, Editrice Vaticana, 1965, n. 12.

2. Como procede a crítica do gênero literário[4]

A pergunta acerca do gênero literário a partir do qual foi formulada uma passagem é colocada após se identificar a organização de um texto e descrever sua forma. Trata-se de verificar em qual categoria o texto se enquadra. Procede-se de modo a comparar a forma detectada com os modelos já identificados pelos estudiosos acerca dos gêneros literários bíblicos. É necessário conhecer os gêneros e sua estrutura, a fim de se poder realizar a comparação.[5]

No caso, porém, de não ser encontrada uma correspondência fundamental a nenhum dos gêneros já identificados pela pesquisa exegética, procede-se à busca de identificação do novo gênero literário que é suposto como hipótese. Nesta análise, os seguintes passos são necessários:

a) Determinar os textos de comparação, escolhidos a partir de uma primeira observação, que formula a suposição (hipótese) de que haja neles um mesmo gênero literário.

b) Realizar a análise da forma de cada um dos textos, que são comparadas entre si. Devem-se considerar os pontos em comum, sobretudo, a presença de expressões fixas que ocorrem numa mesma sequência, assim também como as diferenças.

c) Estabelecida a existência do gênero literário, descrever seus elementos essenciais e atribuir-lhe um nome.

---

[4] Cf. H. Simian-Yofre, "Diacronia", in *Metodologia do Antigo Testamento*, São Paulo, Loyola, 2000, p. 111-113; M. Bauks, "Analisi delle forme e dei generi e storia delle tradizioni", in M. Bauks; C. Nihan (org.), *Manuale di esegesi dell'Antico Testamento*, Bologna, Dehoniane, 2010, p. 92. 103-104.

[5] Dois apêndices, no final do presente trabalho, pretendem oferecer orientações fundamentais nesse sentido.

Faz parte da crítica do gênero literário a determinação da situação de vida (*Sitz im Leben*) em que surgiu o texto. *Sitz im Leben* é o "tipo" de situação na qual teve origem um gênero literário. Por exemplo, em um funeral, é natural que surjam lamentos; na coroação de um rei, hinos que cantem seu futuro êxito e lhe desejem sucesso em seus empreendimentos; numa perseguição, uma súplica por auxílio; na guerra, um discurso de encorajamento; numa disputa jurídica, discursos de acusação e defesa; no ensinamento catequético, histórias edificantes; em polêmicas, textos apologéticos. O *Sitz im Leben* não é a situação histórica concreta, mas a situação paradigmática (sociocultural).[6]

Para se determinar o *Sitz im Leben*, é necessário analisar a forma de vários textos, considerando o horizonte literário (terminologia e temática) e seu universo histórico-cultural (o momento histórico, a situação política, econômica, social, as tendências religiosas e culturais). Espera-se que pelo menos um dos textos de comparação ofereça indicações sobre a situação em que surgiu o gênero. Por isso, uma vez identificado o gênero literário, verifica-se se algum dos textos em que se encontra pode dar informações sobre as circunstâncias que suscitaram este tipo de organização de texto (liturgia, catequese, processo jurídico etc.).

Deve-se ter em mente, porém, que gêneros literários nascidos em uma determinada situação podem ser utilizados em outra, sobretudo quando já se tornaram bastante conhecidos. Assim, à guisa de exemplo, o gênero *rîb* tem origem numa contenda, mas é usado também no discurso profético, indicando uma contenda entre Deus e povo (cf. Jr 2,9-19); a *qinah* surge como lamento fúnebre, mas é utilizada em anúncios de juízo (cf. Am 5,1-3); um hino pode ser utilizado com finalidade catequética (cf. 1Tm 3,16) ou de ensinamento moral (cf. Fl 2,6-11).

Além disso, um gênero literário pode também ser empregado de modo totalmente desligado de sua situação típica original, somente pelo gosto estético pela sua forma ou então em vista de uma determinada finalidade. Nesse caso, o texto em concreto

---

[6]   Cf. J. Barton, "Form Criticism (OT)", p. 840.

não possui um determinado *Sitz im Leben* que lhe corresponderia, mas sim um *Sitz in der Literatur*,[7] isto é, um lugar dentro dos procedimentos literários à disposição do(s) autor(es) do texto.

Exemplo 1: Os 14,2-4[8]

Na estrutura dos v. 2-4, podem ser identificados diversos elementos: um chamado à conversão (no v. 2a e repetido no v. 3b). O v. 2b apresenta a motivação deste chamado e o v. 3a, o modo de manifestar a conversão. Este é detalhado nas palavras do v. 3c-4. Seguindo, assim, um esquema básico várias vezes presente no Antigo Testamento, estes versículos enquadram-se claramente no gênero de exortação à conversão.

É suposta uma situação de grave desvio por parte do interpelado, Israel, que já "tropeçou" na sua culpa (v. 2), ou seja, que já experimenta as consequências de seu agir em dissonância com a vontade do Senhor. Os elementos citados nas palavras sugeridas ao povo (v. 3c-4) indicam os principais âmbitos de desvio que o texto procura sanar: a confiança nas alianças estrangeiras, nos meios militares e nos ídolos – elementos estes que podem ser resumidos na falta de fé e confiança no Deus de Israel como único capaz de dar a salvação. A substituição dos sacrifícios ("touros") pelas "palavras" aponta também para o fato de que no povo a realização exterior do culto ocupa o lugar da conversão pessoal, existindo, assim, uma dicotomia entre ambos. O texto nasce, nesse sentido, de uma *situação de grave perda de sentido da fé, já experimentada em seus resultados históricos* (deportação, invasão estrangeira...?).

---

[7] Cf. G. Fohrer *et alii*, *Exegese des Alten Testaments*. Einführung in die Methodik, Heidelberg, Quelle & Meyer, 1973, p. 85.

[8] Por questões práticas, trabalha-se aqui somente a primeira seção do texto, que em sua totalidade compreende os v. 2-9.

Exemplo 2: Mc 1,40-45

O texto relata a cura, por Jesus, de um leproso. Segue fundamentalmente o esquema encontrado também em outros relatos de cura:

- Aproximação entre o doente e Jesus: o leproso vai ao encontro de Jesus (v. 40a);

- Indicação da necessidade: o leproso dirige-se a Jesus e apresenta seu pedido (v. 40b);

- Realização da cura: gesto e palavra de Jesus (v. 41);

- Constatação do milagre: com indicação da imediatez da cura (v. 42);

- Consequências: difusão da fama de Jesus, com a consequente impossibilidade de Jesus ficar nas cidades (v. 45), o que faz as vezes do louvor e da admiração do povo.

Neste esquema é colocada uma advertência de Jesus (v. 43-44), que não chega a quebrar a estrutura básica do gênero, mas introduz um elemento que enfatizará, por oposição, as consequências do milagre (nada dizer – publicar – grande repercussão). Chamam a atenção as notas do texto quanto à emoção de Jesus diante da súplica do leproso (v. 41a) e à sua vontade salvífica (v. 41b: "quero!"), que imediatamente realiza a cura (v. 42). Ocorre aqui, também, o expediente literário bem característico do segundo evangelho, qual seja, o de guardar segredo acerca da pessoa de Jesus.

O texto enfatiza a superioridade de Jesus como taumaturgo e serve à *proclamação missionária* cristã, como testemunho cristológico. A menção da oferta do sacrifício prescrito funciona como demonstração da cura ("como testemunho para eles") e apresenta Jesus como observante da Lei, aqui remetida a Moisés. A ordem de apresentar-se ao sacerdote e oferecer o que a lei prescreve é um motivo a mais para a aceitação de Jesus por parte dos provenientes do judaísmo e auxilia na distinção entre preceitos que são remetidos a Deus (cf. Mc 10,4-9) e preceitos remetidos a Moisés ou à tradição farisaica (cf. Mc 7,3-4).

No trabalho científico

Na apresentação de um trabalho científico, a análise do gênero literário pode vir acoplada à da forma. Após a apresentação da forma do texto, indica-se o gênero literário, oferecendo argumentos para tanto. Caso a literatura secundária apresente multiplicidade de posições quanto ao gênero literário do texto em questão, estas devem ser apresentadas e discutidas.

A seguir, considerando o horizonte do texto, procura-se determinar seu *Sitz im Leben* e reflete-se sobre as ressonâncias deste sobre a mensagem do texto.

Bibliografia especializada

BAUKS, M. "Analisi delle forme e dei generi e storia delle tradizioni", in M. Bauks; C. Nihan (org.), *Manuale di esegesi dell'Antico Testamento*, Bologna, Dehoniane, 2010, p. 93-103.

BERGER, K. *As formas literárias do Novo Testamento*. São Paulo, Loyola, 1998.

RENDTORFF, R. *Introduzione all'Antico Testamento*, Torino, Claudiana, 19942, p. 107-174.

SCHREINER, J. "Formas y géneros literarios en el Antiguo Testamento", in J. Schreiner (org.), *Introducción a los Métodos de la Exégesis Bíblica*, Barcelona, Herder, 1974, p. 253-298.

SELLIN, E.; FOHRER, G. *Introdução ao Antigo Testamento*, v. 1-2, São Paulo, Paulinas, 1983/1984, p. 69-127; p. 374-404. 460-468. 520-537.

ZIMMERMANN, H. "Formas y géneros literários en el Nuevo Testamento", in J. Schreiner (org.), *Introducción a los Métodos de la Exégesis Bíblica*, Barcelona, Herder, 1974, p. 299-334.

_____. *Los métodos histórico-críticos en el Nuevo Testamento*, Madrid, BAC, 1969, p. 139-184.

CAPÍTULO 5

CRÍTICA DA REDAÇÃO

1. Conceitos fundamentais

A crítica da redação procura identificar a época em que foi formulado um texto, em suas eventuais etapas, indicando a procedência e a finalidade das intervenções redacionais. Detém-se, por isso, na análise de como fontes escritas (ou, por suposição, orais) foram utilizadas pelo autor: as modificações, transformações, ênfases dadas – de modo a delinear a finalidade própria do redator ao utilizar o texto ou pequenas unidades previamente existentes e ao, eventualmente, inserir e formular elementos novos. Toma por base a crítica literária (ou da constituição do texto), uma vez que parte dos resultados da análise da unidade redacional da perícope.

Se o texto é unitário, cabe analisá-lo em relação ao contexto literário mais amplo no qual se insere, localizando sua redação temporal e teologicamente. Assim, por exemplo, estuda-se Am 9,11-15 no contexto do livro de Amós, a fim de verificar se ele procede da mesma redação do livro ou foi produzido em outra época e com outras concepções teológicas. No caso de ser de uma redação diferente daquela a que é atribuído o livro em seu nível básico, a crítica da redação indica a época provável em que foi redigido e reflete sobre as consequências desta datação para a compreensão do texto. Já Is 1,10-20 é estudado, na crítica da redação, de início, não em relação ao conjunto do livro de Isaías, mas à sua primeira parte (c. 1–39). Pois, sendo o livro de Isaías composto de grandes partes atribuídas cada qual, naquilo que lhe é mais peculiar, a épocas diferentes, o texto deve ser referido primeiramente à parte em que se localiza, no caso, os capítulos 1 a 39. O mesmo se poderia dizer de Zc 2,1-4, localizado na primeira parte deste livro (c. 1–8).

Em outras palavras, tratando com um texto homogêneo, a crítica da redação tem por finalidade indicar sua relação com a redação do livro, identificando se pertence ao nível primário de redação ou a algum possível nível secundário.

Se o texto é identificado como não homogêneo pela crítica da constituição do texto, a crítica redacional tem por finalidade, além de averiguar a ligação com o livro (ou parte dele), localizar cada um de seus momentos redacionais e evidenciar a relação entre eles. Pretende chegar a indicar, então: a época de cada intervenção redacional, os recursos utilizados em cada uma, suas linhas teológicas e culturais, bem como o escopo destas intervenções e sua relação com as intervenções anteriores. Visa chegar, assim, a identificar o ambiente teológico-cultural das diversas redações.

Em relação ao Novo Testamento, o estudo redacional recebe peculiaridades de acordo com o tipo de escrito. Nesse sentido, por serem fruto de um trabalho redacional que se serviu grandemente de fontes, os evangelhos sinóticos devem ser trabalhados, nas passagens comuns, analisando os textos paralelos e não simplesmente estudando o texto em relação ao próprio evangelho. As cartas paulinas podem ser trabalhadas cada uma como unidade – trata-se, então de verificar se uma determinada perícope ou porção de texto pertenceria originalmente à carta. Por exemplo, se 1Cor 11,2-16 possui ou não vocabulário e estilo paulinos e apresenta perspectivas homogêneas aos escritos tidos como autênticos. Ou se uma carta é realmente unitária ou formada pela colocação em conjunto de duas ou mais cartas (por exemplo, Fl). Uma carta pode ainda ser estudada quanto à sua relação direta ou não com Paulo (cartas da tradição paulina: Ef, por exemplo).

De modo semelhante, pode-se trabalhar com os escritos joaninos; também com o livro dos Atos: em si mesmo ou em relação ao evangelho segundo Lucas. Outros textos (como 1 e 2Pd, Tg, Jd) podem seguir um ou outro caminho, conforme o escopo procurado.

Em alguns casos, devido à recorrência, em diferentes textos, de elementos linguísticos e temáticos, bem como interesses semelhantes, pode-se suspeitar que uma mesma mão redacional (ou linha redacional) terá trabalhado em vários pontos de um livro ou mesmo de diversos livros. Assim, por exemplo, a redação sacerdotal no Pentateuco (com suas diversas possíveis subdivisões), a redação deuteronomista em numerosos livros do Antigo Testamento, a "tradição" (em sentido redacional) paulina ou joanina. Este trabalho redacional amplo é reconhecível por critérios variados: – de cunho linguístico (terminológico e estilístico); – de cunho temático; – pela maneira de dispor a matéria; – pelo tipo de orientação teológica; – por preocupações e interesses dominantes. A partir da análise destes elementos, pode-se delinear a perspectiva de pensamento e concepções de cada linha de redação, identificando como ela trabalhou o material que encontrou e selecionou. Com isso, pode-se ainda chegar a localizar uma dada linha redacional no contexto das linhas redacionais do Antigo ou Novo Testamento e no desenvolvimento da comunidade israelita e cristã. Dessa forma, colhem-se também informações (sempre sob o crivo da compreensão e avaliação dos redatores) acerca da situação das comunidades destinatárias dos textos, seu contexto histórico, social, cultural e religioso.

2. O momento da crítica da redação

É possível posicionar a crítica da redação logo após a crítica da constituição do texto, particularmente no caso de tratar-se de um texto não unitário. No entanto, trabalhar a crítica da forma (e, ligada a ela, a crítica do gênero literário) antes da crítica da redação levanta um grande número de elementos que depois poderão ser aproveitados nesta última. A análise do vocabulário, dos recursos estilísticos, da temática e de todos os elementos formais é útil também para avaliar com fundamentação mais sólida a origem do texto em seu conjunto (no caso de textos unitários) ou em seus diversos momentos redacionais (no caso de textos heterogêneos). Além disso, a crítica da forma pode trazer à tona elementos que confirmem ou exijam a revisão da crítica da constituição do texto anteriormente efetuada.

3. Como procede a crítica da redação

Quando se fala de crítica da redação, trabalha-se basicamente sobre a relação entre textos, atentando a semelhanças ou diferenças que permitam apontar para uma idêntica ou diversa origem redacional.

Textos não homogêneos exigem que as subunidades redacionais (detectadas na crítica da constituição do texto) ou as subunidades que estejam redacionalmente relacionadas sejam investigadas separadamente. Textos homogêneos são analisados em sua totalidade. Tal análise inclui a observação da terminologia e fraseologia utilizadas, dos temas e do estilo do texto ou de cada subunidade sua ou das subunidades que foram agrupadas na análise da sua constituição. A confecção de tabelas facilita a observação e por isso é recomendada.

Estes três níveis de observação devem levar a refletir sobre a procedência redacional do texto, de suas subunidades ou grupos de subunidades e chegar a compreender a formulação e o sentido do todo final. A análise procede primeiramente em relação ao próprio livro em que se encontra a passagem em estudo; no caso particular dos textos ligados a correntes redacionais (textos do Pentateuco, dos evangelhos, da tradição joanina...), em relação às balizas referenciais para uma corrente (dados que certamente a espelham ou textos paralelos). Em seguida, se necessário, abre-se a comparação para o Testamento em que se encontra o texto.

Caso especial se dá quando o Novo Testamento cita ou alude a textos do Antigo Testamento.

3.1 O texto (cada subunidade) no contexto do livro ou corrente redacional em que se encontra

Compara-se terminologia, temáticas e estilo com o que se encontra no conjunto do livro em que o texto de estudo se localiza ou nos elementos referenciais de uma dada corrente redacional. Faz-se o levantamento do vocabulário utilizado (termos, expressões, construções gramaticais), identificando semelhanças e diferenças para com seu uso no livro ou corrente redacional. Os instrumentos utilizados são as concordâncias. Os léxicos que mencionam estatísticas de termos podem ajudar num segundo momento. Observam-se igualmente os temas do texto (de cada subunidade), em relação à sua ocorrência no livro ou corrente redacional, considerando-se o que se pode identificar com seu nível redacional básico.

No que concerne à terminologia, importam não só os termos tomados individualmente, mas ainda expressões e locuções. Por exemplo, o uso de uma forma verbal com uma determinada preposição, ou com um nome de pessoa ou de lugar; o uso de um substantivo com certos sufixos pronominais, no caso do hebraico, ou com o uso de pronomes, no caso do grego. No estudo das formas verbais, importa, num primeiro momento, a raiz e o modo que é usado (qal, nifal, piel, pual, hifil, hofal, hitpael) e não propriamente a pessoa gramatical e a forma específica (qatal, yiqtol, weqatal, wayyiqtol, imperativo, particípio, jussivo, coortativo); no grego, importa o modo e o tempo. A pessoa gramatical só é normalmente significativa se há antes uma concordância quanto ao modo (e tempo) utilizado. Para os nomes (substantivos, adjetivos), analogamente, deve ser primeiramente considerada a forma no número em que aparece (se no singular ou plural), referida em seu estado absoluto ou no nominativo; posteriormente se abre para a observação também dos mesmos nomes em estado constructo e em plural, se a forma aparece no texto em singular, e vice-versa; finalmente, observa-se sua ocorrência em outros casos (vocativo, dativo etc.). Devem ser observados também os advérbios, as conjunções, as preposições em sua ligação a verbos ou nomes, verificando-se, contudo, não só sua forma, mas seu sentido.

3.2 O texto no horizonte do Testamento em que se encontra

Procede-se como na etapa anterior, porém agora abrindo a observação para a ocorrência de terminologia, estilo e temática em toda a Bíblia Hebraica ou, em se tratando de textos gregos, no conjunto da Bíblia Grega (Setenta) ou do Novo Testamento.

3.3 O uso do Antigo Testamento pelo Novo Testamento

Em se tratando da averiguação da utilização de textos do Antigo Testamento pelo Novo Testamento, cabe a consideração da Escritura como um todo. Cuidado especial deve ser tomado aqui, uma vez que o Novo Testamento está escrito em grego e o Antigo, em sua maior parte, em Hebraico. Não é possível aproximar diretamente textos de línguas diferentes, já que um mesmo termo pode, normalmente, ser traduzido por mais de um em outra língua, e expressões idiomáticas podem não corresponder literalmente às da língua traduzida. Por isso, é conveniente, primeiramente, verificar se o texto do Novo Testamento provém da tradução direta do texto hebraico ou aramaico ou se ele utilizou a Setenta, ou se utilizou uma e outra, ou, finalmente, se apresenta uma formulação própria não encontrada em manuscritos mais antigos.

3.4 Conclusões

A partir do conjunto dos dados levantados, reflete-se, então, ponderando-se todos os elementos. Na avaliação, é tão importante observar as semelhanças como as diferenças. A literatura secundária (comentários, monografias, artigos especializados) pode ajudar a reflexão, mas não deve substituí-la.

Exemplo 1: Os 14,5

Por questão de praticidade, trabalha-se aqui somente um versículo.

Texto: "Curarei a sua apostasia, amá-los-ei generosamente, porque minha ira se retirou dele".

Neste versículo há três expressões que só ocorrem aqui, em todo o livro de Oseias:

Expressão	Sentido em continuidade	Sentido em contraste
curar a apostasia	curar: 5,13; 6,1; 7,1; 11,3	apostasia: 11,7
amar generosamente	amar (com Deus como sujeito): 3,1; 11,1.4	não amar: 9,15
retirar a ira	ardor da ira: 11,9	ira: 8,5; 13,11

- "curar a apostasia". O verbo usado para "curar" (רפא) ocorre diversas vezes no livro, com Deus como seu sujeito, com sentido de salvar, defender ou libertar. Em Os 14,5 está ligado a "apostasia", com sentido metafórico de valor moral e religioso. O termo "apostasia" (מְשׁוּבָה), de sua parte, ocorre ainda tão somente em Os 11,7, mas com uso diverso. Neste, refere-se à pessoa contra quem se fez apostasia; em Os 14,5, a quem pratica a apostasia. Em Os 14, a apostasia é curada; em 11,7, Israel está preso à apostasia.

- "amar generosamente". O verbo utilizado para "amar" (אהב) em 14,5, com Deus como sujeito e a mesma ideia de gratuidade, é ainda três vezes atestado no livro (cf. Os 3,1; 11,1.4). Em 9,15 é anunciado que Deus retirará seu amor, em virtude da falta de resposta do povo.

- "retirar a ira". Também o termo "ira" (אַף) é atestado para referir a punição em outros textos do livro (cf. Os 8,5; 13,11). Em 11,9, Deus não deixa agir a sua ira. De outro lado, a raiz que aqui é traduzida por "retirar" (voltar atrás: שׁוב) é amplamente atestada no livro, mas não referida a "ira".[1]

Estas observações indicam que o vocabulário do v. 5 ocorre em grande parte no livro, com afinidade temática. No entanto, há diferenças que chamam a atenção: o valor espiritual de "curar"; a oposição à apostasia à qual o povo está ligado em 11,7; a superação, em 14,5, do retraimento do amor divino, anunciado em 9,15; a superação completa da ira. O vocabulário do livro foi utilizado dentro de um horizonte semântico semelhante, mas numa perspectiva temporal distinta, pois as realidades negativas às quais está ligada a terminologia no decorrer do livro são transformadas em realidades positivas em seu final (14,5). Isto supõe que o v. 5 não pertença ao mesmo nível básico da redação de Oseias.

Dado o amplo emprego do verbo "amar" (אהב) e da raiz שׁוב ligada ao termo "ira" no contexto da Bíblia Hebraica, somente a expressão "curar a apostasia" mostra-se significativa. Em numerosos textos ocorre o verbo "curar" (רפא) com Deus como seu sujeito, também no sentido espiritual (curar o pecado, a culpa: cf. Sl 41,5; 103,3; Is 6,10; 57,18). Porém, o texto mais próximo semanticamente de Os 14,5 é Jr 3,22, onde o verbo está também ligado ao termo "apostasia" (מְשׁוּבָה). Como, no entanto, o termo "apostasia", em Jr 3,22, é usado como nome próprio de Israel (o que parece indicar um uso mais desenvolvido do termo) e o texto de Jeremias traz a resposta do povo ao chamado à conversão,

---

[1] Cf. Os 2,9; 3,5; 4,9; 5,4.15; 6,1.11; 7,10.16; 8,13; 9,3; 11,5.7.9; 12,3.5.7; 14,2.3.8.

que falta em Oseias, pode-se supor que este seja anterior e tenha influenciado a redação jeremiana. O texto de Jr 3,22 é em geral aceito como pertencente ao nível básico da redação de Jeremias,[2] de modo que o versículo de Oseias poderia encontrar-se num tempo entre a queda de Samaria e o ministério de Jeremias, ou seja, entre cerca de 720 e os primeiros tempos do exílio babilônico. Se o texto de Jr 3,22 for de redação posterior, igualmente se pode dilatar o período de formulação do texto oseânico. Esta datação auxilia na compreensão do ambiente religioso e cultural suposto pelo texto. Muito provavelmente, este, embora cultivando a tradição oseânica, não está diretamente ligado ao pensamento desenvolvido no reino do Norte, mas sim ao do reino de Judá, numa época em que, devido à queda de Samaria, somente este representa o povo eleito. Se o versículo se colocasse em época exílica, receberia ainda outra dimensão, ao representar a possibilidade de perdão da parte de Deus e, com isso, de retorno dos exilados à terra e de reconstrução da nação. Em termos de corrente de pensamento (deuteronomista, sacerdotal etc.) ou ambiente preciso (culto, ensino...), o versículo em questão, no entanto, não oferece dados suficientes para alguma orientação.

Observação:

O exemplo acima evidencia a dificuldade da crítica da redação e o elevado grau hipotético em que normalmente esta análise deve trabalhar, por ultrapassar os dados textuais, buscando reconstruir o processo da formulação do texto. Com isso, muitas vezes, é possível somente ter certa orientação quanto à época do texto e seu ambiente religioso e cultural; concordância entre os estudiosos é, neste campo, mais rara do que frequente. Ao estudioso cabe respeitar estes limites e servir-se da crítica redacional somente na medida em que é necessária para iluminar dados que de outra maneira não podem ser esclarecidos.

---

[2] Cf. A. Weiser, *Das Buch des Propheten Jeremia. Kapitel 1-25,13*, Göttingen, Vandenhoeck & Ruprecht, 1960⁴, p. 26; W. Rudolph, *Jeremia*, Tübingen, J. C. B. Mohr, 1958, p. 27; W. L. Holladay, *Jeremiah*, I, Philadelphia, Fortress Press, 1986, p. 62-65.

Exemplo 2: Mc 1,45

Texto: "Mas ele saiu, começou com zelo a anunciar e a difundir a palavra, de modo que ele não podia mais entrar publicamente em uma cidade, mas ficava fora, em um lugar solitário. E vinham a ele de todas as partes".

O v. 45 introduz, no relato iniciado no v. 40, uma nota acerca do que ocorreu após a cura do leproso e da ordem dada por Jesus. Esta anotação não se encontra no relato paralelo de Mt 8,1-4; em Lc 5,15, consta só da indicação da propagação da palavra, sem explicitar que o que fora leproso é que a divulgava. À diferença de Lc 5,16, Mc 1,45 não menciona a oração de Jesus e, de outra parte, inclui a vinda até ele das multidões. Mc 10,45 encaixa-se perfeitamente na perspectiva redacional do segundo evangelho de manter segredo acerca da Pessoa de Jesus e, comparado com os relatos paralelos, pode ser considerado um acréscimo do evangelista à tradição comum a Mateus e Lucas.

No trabalho científico

Na apresentação de um trabalho científico, não se trata de detalhar toda a análise feita, mas expor só as conclusões e os argumentos que levam a levantar uma hipótese plausível. As tabelas, se constarem, devem ser só aquelas que estão estreitamente ligadas à argumentação.

Uma boa orientação parece ser chegar a conclusões com cautela, preferindo afirmar menos com maior segurança a afirmar mais, mas sem argumentação pertinente. Além disso, é prudente apresentar as conclusões sempre como probabilidades. Com efeito, na crítica da redação abre-se o mundo pré-textual, sobre o qual dificilmente se tem um domínio absolutamente certo.

Bibliografia para esta etapa do trabalho

Além dos comentários, monografias e artigos especializados, são particularmente úteis nesta etapa concordâncias e léxicos ou dicionários.

As principais concordâncias atualmente disponíveis são:

- Para a Bíblia Hebraica:

BUSHELL, M. S. *Bible Works for Windows. Version 9.0.* Norfolk, Va, BibleWorks, LLC, 2011.

EVEN; SHOSAN, A. *A New Concordance of the Bible.* Jerusalem, Kiryat Sefer, 19932.

LISOWSKI, G. *Konkordanz zum Hebräischen Alten Testament.* Stuttgart, Deutsche Bibelgesellschaft, 1958[2].

MANDELKERN, S. *Veteris Testamenti Concordantiae Hebraicae atque Chaldaichae* (v. 2). Graz, Akademische Druck, 1955.

- Para a Setenta:

HATCH, E.; REDPATH, H.A. (org.). A Concordance to the Septuagint and to Other Greek Versions of the Old Testament (Including the Apocryphal Books). Grand Rapids, MI, Clarendon Press, 1998[2].

- Para o Novo Testamento:

ALAND, K. Vollständige Konkordanz zum griechischen Neuen Testament unter Zugrundelegung aller kritischen Textausgaben und des Textus Receptus (v. 1-2). Berlin – New York, W. de Gruyter, 1983. 1978.

BACHMANN, H.; SLABY, W. A. Konkordanz zum Novum Testamentum Graece von Nestle-Aland, 26. Auflage und zum Greek New Testament 3rd Edition. Berlin – New York, W. de Gruyter, 1987[3].

HOFFMANN, P.; HIEKE, T.; BAUER, U. *Synoptic Concordance.* A Greek Concordance to the First Three Gospels in Synoptic Arrangement, Statistically Evaluated, Including Occurrences in Acts (v. 1-4). Berlin – New York, Brill, 1999-2000.

MOULTON, W. F.; GEDEN, A. S. Concordance to the Greek New Testament (Fully Revised) (ed. I. H. MARSCHALL). London – New York, Clark, 2002[6].

- Léxicos e dicionários úteis neste momento são:

BALZ, H.; SCHNEIDER, G. *Diccionário Exegético del Nuevo Testamento* (v. 1-3). Salamanca, Sígueme, 1996.

Crítica da redação 141

BERLEJUNG, A.; FREVEL, C. (org.). *Dicionário de termos fundamentais do Antigo e do Novo Testamento*. São Paulo, Loyola/Paulus, 2011.

BOTTERWECK, G. J.; RINGGREN, H.; FABRY, H.-J. (org.). *Theologisches Wörterbuch zum Alten Testament* (vol. 1 – 8). Stuttgart, Kohlhammer, 1973 – 1994 (também em tradução inglesa e italiana).

BROWN, C.; COENEN, L. (org.). *Dicionário Internacional de Teologia do Novo Testamento* (v. 1-2). São Paulo, Vida Nova, 2000.

COENEN, L.; BEYREUTHER, E.; BIETENHARD, H. (org.). *The New International Dictionary of New Testament Theology* (v. 1-4). Exeter, The Paternoster Press, 1978-1986 (tradução espanhola: *Diccionario teologico del Nuevo Testamento*. Salamanca, Sígueme, 1983-1985).

HARRIS, R. L.; GLEASON, L. A., JR.; WALTKE, B. K. (org.). *Theological Wordbook of the Old Testament*. Chicago, The Moody Bible Institute, 1980 (tradução brasileira: *Dicionário Internacional de Teologia do Antigo Testamento*. São Paulo, 1998).

JENNI, E.; WESTERMANN, C. (org.). *Theologisches Handwörterbuch zum Alten Testament* (v. 1 – 2). München – Zürich, Chr. Kaiser, 1971.1976. Também em tradução espanhola, italiana e inglesa.

KITTEL, G.; FRIEDRICH, G. (org.). *Theologisches Wörterbuch zum Neuen Testament* (v. 1-10). Stuttgart, Kohlhammer, 1933-1979 (também em tradução inglesa e italiana).

SPICQ, C. *Theological Lexicon of the New Testament* (v. 1-3). Peabody, Hendrickson, 1994.

VANGEMEREN, W. A. (org.). *Novo Dicionário Internacional de Teologia e Exegese do Antigo Testamento*. São Paulo, Cultura Cristã, 2011.

CAPÍTULO 6

CRÍTICA DAS TRADIÇÕES

1. Conceitos fundamentais

1.1 Que é a "crítica das tradições"

A crítica das tradições procura identificar as tradições subjacentes a um texto. O Documento "A Interpretação da Bíblia na Igreja" sintetiza esta etapa do seguinte modo: "A crítica das tradições situa os textos nas correntes de tradição, cuja evolução no curso da história ela procura precisar".[1]

Por tradição aqui se entende o panorama cultural amplo em que um texto se situa. Ela evoca uma concepção transmitida através das gerações.[2] Se o estudo das tradições inclui sua colocação em ordem cronológica, descreve-se então a *história das tradições* ou *Traditionsgeschichte*.

Existem, por conseguinte, duas perspectivas na crítica das tradições:

---

[1] Pontifícia Comissão Bíblica, *A interpretação da Bíblia na Igreja*, São Paulo, Paulinas, 1993, I, A, 3. Preferimos seguir a nomenclatura do documento da Comissão Bíblica. Tradição não significa aqui, portanto, a pré-história oral do texto. Sobre este ponto, ver a seguir, letra *f*.

[2] Cf. M. Bauks, "Analisi delle forme e dei generi e storia delle tradizioni", in M. Bauks; C. Nihan (org.), *Manuale di esegesi dell'Antico Testamento*, Bologna, Dehoniane, 2010, p. 108.

- o estudo das tradições que estão por trás do texto;

- o estudo das tradições e sua colocação em uma linha cronológica, descrevendo a história de cada uma, desde suas primeiras formulações, indicando as modificações que acaso recebeu, até chegar à sua última formulação tal qual aparece na Escritura.

No trabalho exegético sobre um texto preciso, o estudo se inicia com a primeira perspectiva. Uma comparação com outras formulações da mesma tradição pode ser útil para se perceber melhor a orientação conceitual do texto.

1.2 Crítica da tradição ou crítica das tradições?

As duas maneiras de se referir a esta etapa metodológica são encontradas nos autores.[3] O estudo exegético demonstra, porém, que um texto não precisa estar baseado necessariamente somente em uma tradição. Para veicular sua mensagem, ele pode utilizar-se de várias tradições. Nesse sentido, parece ser mais adequado usar o plural.

1.3 Relevância da crítica das tradições

Sendo a tradição um elemento fundamental nas culturas do Antigo Oriente Próximo e do Mediterrâneo da época do Novo Testamento, deve-se contar com seu influxo também nos textos bíblicos. A identificação das tradições subjacentes a um texto pode trazer-lhe um novo horizonte para compreensão, pois fornece dimensões conceituais que ultrapassam a semântica imediata das palavras e expressões. Desse modo, a crítica das tradições

---

[3] Cf., por exemplo, E. Zenger, "Los métodos exegéticos en un ejemplo tomado del Antiguo Testamento", in J. Schreiner *Introducción a los métodos de la exégesis bíblica*. Barcelona, Herder, 1974, p. 178-182; e H. Simian-Yofre, "Diacronia: os métodos histórico-críticos", in H. Simian-Yofre (org.), *Metodologia do Antigo Testamento*, São Paulo, Loyola, 2000, p. 104-107.

concorre para melhor compreender o texto e sua dimensão de sentido.

Assim, por exemplo, se o texto de Os 2,1 menciona que, no futuro, "o número dos filhos de Israel será como a areia do mar que não se pode medir nem contar", ele pode ser compreendido pelo significado de suas palavras e expressões dentro do contexto em que ocorrem. No entanto, como que uma terceira dimensão do texto é alcançada se ele é considerado dentro das tradições de eleição do povo, nas quais ocorre o tema da multiplicação dos habitantes com expressões iguais ou semelhantes ("areia do mar": Gn 32,12; "areia da praia do mar": Gn 22,17). De modo semelhante, a menção do "Cordeiro ... imolado" em Ap 5,6 recebe luz se compreendida tendo-se em consideração Jo 19,36, que, por sua vez, evoca o panorama do Antigo Testamento (cf. Ex 12,46; Is 53,7). Igualmente a ideia de imolação e sua relação com a Páscoa, em 1Cor 5,7.

1.4 Conceito de tradição. Tradição, motivo e tema

Tradição é um complexo de concepções em torno de uma ideia central, veiculado por imagens e temáticas, utilizando muitas vezes um vocabulário recorrente ou do mesmo campo semântico. Quando se estuda o panorama "tradicional" de um texto, busca-se por motivos e temas.[4]

Motivo é um elemento ou conjunto de elementos que expressa um pensamento ou modo de conceber algo e é empregado de forma mais ou menos fixa (característica) em diversos textos; por isso, evoca temáticas e orienta o leitor para um determinado mundo conceitual.[5] O *motivo* expressa-se através de imagens. Alguns motivos bíblicos:

---

[4] Cf. H. Simian-Yofre, "Diacronia: os métodos histórico-críticos", p. 104; G. Fohrer, *Exegese des Alten Testaments*, Heidelberg, Quelle & Meyer, 1973, p. 111.

[5] Cf. G. Fohrer, *Exegese des Alten Testaments*, p. 102, 105.

Crítica das tradições 145

- a imagem de flores, de erva, que rapidamente fenecem, ou de sopro, indicando a fugacidade da vida humana (cf. Jó 8,12; Sl 103,15-16; 144,3; Is 37,27; Tg 1,10-11; 1Pd 1,24);

- a imagem de Deus como rochedo e como fortaleza, para indicar a proteção e a segurança que Ele oferece (cf. 2Sm 22,3; Sl 18,3; 91,2); a imagem da rocha como símbolo de firmeza (cf. Mt 7,24-25; Lc 6,48);

- a pedra de tropeço ou simplesmente a imagem do tropeçar (cf. Sl 38,17; 64,9; Is 8,14; Os 4,5; Ml 2,8; Rm 9,33; 1Pd 2,8);

- a imagem das águas abundantes, como sinal de vida plena (cf. Sl 65,9; Ez 47,1-12; Jo 4,10-15; Ap 7,17; 22,1);

- as "grandes águas" como indicação de ameaças, de desastre ou de força (cf. Sl 32,6; Ct 8,7; Is 44,3; Ap 1,15; 14,2; 19,6);

- as ovelhas que se perdem, simbolizando o afastamento do Senhor e a falta de orientação (cf. Is 53,6; Ez 34,5-6; Mt 10,6; 15,24; Lc 15,6; 1Pd 2,25);

- a imagem da taça da ira, a ira versada, como indicação de grave punição (cf. Sl 75,8; Is 51,17; Ez 7,8; Os 5,10; Zc 12,2; Ef 5,6; Ap 14,10.19; 15,7; 16,1.19; 19,15);

- a árvore verdejante como símbolo da vida (cf. Gn 2,9; Os 14,9; Ap 22,2) ou da vida humana em particular (cf. Sl 1,3; Jr 17,8; Jó 14,7-10; 19,10; 24,20);

- a palha seca que se disperde ao vento, em sentido de ruína (cf. Sl 1,4; 35,5; Is 17,13; Os 13,3; Sf 2,2; Mt 3,12; Lc 3,17).

A diferença entre motivo e tema reside basicamente no acento dado. Um *motivo* sempre traz consigo o aspecto conceitual, mas o integra em expressões e imagens. Os *temas*, diferentemente, focalizam o aspecto conceitual, sendo mais livres no uso do vocabulário: são propriamente elementos conceituais. Tanto o Antigo como o Novo Testamento apresentam temáticas que se repetem em diversos textos, como a do justo sofredor (cf. o livro de Jó; Is 53); a correlação entre abaixamento e exaltação, de um lado, e de autoexaltação e humilhação, de outro (cf. 1Sm 2,7-8; Sl 113,7-8; Lc 1,51-53; Mc 10,31); o tema da mulher estéril que gera um grande homem (cf. Gn 16,1; Jz 13,2; 1Sm 1,2); a impureza legal (cf. Lv 10,10; 11,47; Dt 12,15; 2Cr 23,19; At 10,14-15; 2Cor 6,17), que pode ligar-se a algumas realidades (cf. o espírito imundo: Mt 14,43; Mc 1,23.26; 3,30; 5,2.8; 7,25; 9,25; Lc 8,29; 9,42; 11,24).

A distinção entre tradição, tema e motivo não é sempre clara. Em linha de princípio, a diferença reside na complexidade: a tradição pode abarcar diversos temas e motivos. Por outro lado, uma *tradição* está ligada a um círculo que se empenha em cultivar e transmitir uma determinada forma de pensar e conceber o real.[6]

1.5 Tradição, motivo, tema e formulações linguísticas

Um tema ou motivo pode estar ligado a expressões linguísticas frequentemente usadas para exprimi-lo. No entanto, a simples utilização de um mesmo vocabulário não garante a presença de um motivo ou tema e, por conseguinte, de uma dada tradição. Pois uma mesma expressão pode ser usada com diferentes valores. Alguns exemplos:

- se "areia (da praia) do mar", em alguns textos, indica a multiplicação dos habitantes no país como realização da promessa de Deus aos patriarcas (cf. Rm 9,27; Hb 11,12; Ap 20,8), em outros textos pode simplesmente indicar um número muito grande de pessoas ou coisas (cf. Gn 41,49;

---

[6] Cf. G. Fohrer, *Exegese des Alten Testaments*, p. 106. 108.

Js 11,4; Jz 7,12; 1Sm 13,5; 1Rs 4,29; Ap 20,8), ou ainda um grande peso (cf. Jó 6,3);

- a expressão "mão forte e braço estendido" (ou só "mão forte" ou "braço estendido") evoca em muitos textos o gesto salvífico do êxodo (cf. Ex 6,6; Dt 4,34); no entanto, em alguns textos é usada para mostrar o poder de Deus em relação à criação, sem uma imediata relação com o evento do êxodo (cf. Jr 27,5; 32,17). A "mão" ou "estender a mão" liga-se à ideia de poder em geral (cf. Mq 5,8; Sf 1,4; Zc 2,13; Mt 14,31; Jo 7,30.44; Jo 10,28; At 4,30);

- a frase "porque seu amor é para sempre" (ou "sua misericórdia", segundo a Setenta) ocorre numerosas vezes na Escritura (cf. 1Cr 16,34.41; Sl 106,1; 136,1; Jr 33,11). Mesmo no Novo Testamento há textos que, embora não tragam literalmente a frase, evocam-na por seu teor (cf. Tt 3,5; 1Pd 1,3). Ainda que essa recorrência possa ser objeto de estudo para averiguação em nível tradicional, ainda não se mostrou evidente que haja por trás uma tradição, como complexo de pensamento no qual se inseriria tal expressão. O mesmo se pode dizer sobre a referência ao Senhor como "meu canto" (cf. Ex 15,2; Sl 118,14; Is 12,2).

Evidencia-se, assim, que não basta investigar a recorrência de expressões e termos, mas é necessário refletir sobre seu sentido.

Uma mesma tradição se encontra em diferentes textos bíblicos – e, muitas vezes, também em textos do Antigo Oriente Próximo e do mundo mediterrâneo –, e por isso pode ser identificada. Um mesmo motivo pode aparecer em tradições diferentes, com diferentes valores; em contrapartida, tradições diversas podem apresentar motivos e temas semelhantes. Alguns exemplos visam deixar clara a relação entre tradição, motivo e tema:

Tradição	Alguns motivos	Alguns temas	Exemplos de textos
Tradições do êxodo	vitória sobre o faraó; divisão do mar; caminho no meio do mar	superação da escravidão, nova liberdade	Is 43,13-21
	mão forte e braço estendido	poder divino de libertar	1Rs 8,42 Jr 32,21 Ez 20,33-34 Ap 15,3-4
	água que brota da rocha	bem-estar propiciado por Deus	Is 48,21 1Cor 10,4
	deserto como tempo de noivado ou de novo relacionamento com o povo	ausência de culto a outros deuses; fidelidade	Os 2,16 Jr 2,2
		murmuração no deserto: o povo tenta a Deus	Nm 14,36 Sl 95,8 Sl 106,14 Jo 6,41.61
		Deus alimenta seu povo	Os 11,4 Mc 6,35-37 Jo 6,31
Tradições da criação	modelagem do homem a partir da argila; sopro de vida	poder e sabedoria de Deus; cuidado e amor de Deus; Deus, origem da vida	Gn 2,7 Is 64,7 Jo 20,22
	paz paradisíaca entre homens e animais; paz no mundo humano	felicidade, ausência de conflitos	Is 11,1-9 Lc 2,14 Lc 19,41-42 At 10,36

CRÍTICA DAS TRADIÇÕES

Tradição	Alguns motivos	Alguns temas	Exemplos de textos
Tradição da posse da terra	ser "plantado" na terra; habitar em segurança sob a vide, a figueira; cultivar tranquilamente o solo	posse duradoura e pacífica da terra; prosperidade	Os 2,3 Am 9,14-15 Mt 5,4
	prodigiosa multiplicação dos bens da terra	vida pela comunhão com Deus	Ez 47,1-12 Os 14,6-8 Am 9,13 Jl 4,15 Ap 22,2
Tradições de Sião	beleza da cidade; torre forte, baluarte invencível	Sião-Jerusalém como cidade especialmente amada e protegida por Deus	Sl 48,3.13-14 Sl 69,36 Sl 122 Ap 21,2 Ap 21,15-23
	convergência para Jerusalém	Jerusalém como centro do mundo	Is 2,1-4 Is 66,20 Lc 9,31.51.53 Lc 17,11
	Templo como morada de Deus; Templo como lugar das nascentes de água	perenidade e santidade do templo; templo como centro e origem de vida plena	Ez 47,1-12 Jl 4,18 Ap 21,22
	Jerusalém como lugar onde Deus habita	Felicidade, prosperidade e vida a partir de Israel, em virtude da presença de Deus em seu meio	Ez 48,35 Sl 135,21 Hb 12,22-24 1Pd 2,4-10 Ap 14,1
Tradições das guerras do Senhor	Deus como estandarte, escudo, guerreiro Som da trombeta	Deus defende seu povo e o ajuda	Ex 15,3; 17,15 Dt 33,29 Sl 24,8 Mt 24,31 1Cor 15,52

A riqueza e, ao mesmo tempo, a dificuldade em se delinear temas e motivos no âmbito da crítica das tradições deixam em aberto um amplo campo de pesquisa. Poderia ser averiguado, por exemplo, em que medida o motivo da seca da natureza, com o definhar da vegetação e dos animais, para expressar o enlanguescer de Israel, de um povo estrangeiro ou da natureza (cf. Os 4,1-3; Am 1,2; Jl 4,19; Sf 1,3), poderia ser enquadrado nas tradições em torno da *criação*, para tematizar a subversão da ordem do cosmo.[7] O mesmo poderia ser dito acerca da revolução cósmica apresentada em alguns textos (cf. Is 13,10; Ez 32,7; Jl 2,10; 4,15-16; Mt 24,29; Mc 13,25; Lc 21,25); em algumas passagens, ainda, poderia ser averiguada a correlação destes motivos com o tema do "dia do Senhor".

Como as tradições são transmitidas de geração em geração, pode-se contar com a probabilidade de que venham a adquirir novos significados, sejam adaptadas a novas realidades; em suma, que apresentem variações. Até que ponto as diferenças de sentido de termos e expressões indicam diferentes formas de pensamento, diferentes mentalidades (e, portanto, tradições diversas), e até que ponto essas diferenças semânticas implicam o desenvolvimento de uma mesma tradição – isto só poderá ser esclarecido com o estudo amplo e aprofundado do uso do vocabulário e das temáticas envolvidos.

Os exemplos acima mostram que muitos motivos, temas e tradições presentes no Antigo Testamento são também utilizados no Novo Testamento. Nesse caso, é importante conhecer sua valência no Antigo e avaliar sua utilização no Novo: se seguem ou não a mesma linha, em que pontos e sentidos, se acrescentam aspectos novos.

---

[7] Cf., dentre tantos autores, M. de Roche, "The Reversal of Creation in Hosea", *Vetus Testamentum* 31 (1981) 400-409; "Contre Creation, Covenant and Conquest (Jer VIII, 13)", *Vetus Testamentum* 31 (1981) 280-290; "Zephaniah I 2-3: The 'Sweeping' of Creation", *Vetus Testamentum* 30 (1980) 104-107.

1.6 Tradição, gênero literário e transmissão do texto

Embora haja pontos de contato entre tradição, gênero literário e transmissão do texto, há uma real distinção entre os três.

Em relação ao gênero literário, o cenário das *tradições* é mais amplo, pois diz respeito a raízes históricas e culturais mais distantes, seja no próprio mundo de Israel, seja no campo do antigo Oriente Próximo.

No que tange à *transmissão do texto*, a diferença consiste no fato de que esta se interessa por averiguar a fase anterior à sua colocação por escrito, traçando a história de sua transmissão oral (e não à fase escrita).[8] Com isso, ela se limita àqueles textos que se repetem na Escritura. Em relação ao Antigo Testamento, a crítica da transmissão do texto só pode ser realizada se são encontrados textos que se repetem em pelo menos dois contextos diversos;[9] é exatamente a repetição que permite a comparação e, com isso, a verificação das mudanças que uma ou outra formulação apresentou e quais modificações teriam sido introduzidas em seu processo de transmissão, até a fase escrita. No que tange ao Novo Testamento, ela é possível por comparação de textos paralelos nos evangelhos ou por informação explícita (cf. 1Cor 11,23; 15,3-8), ou ainda pela presença de uma pequena unidade que, pelo vocabulário e estilo, leva a supor que esteja presente um texto já de domínio dos destinatários, mesmo que este tenha eventualmente sofrido alguma modificação (cf. Fl 2,6-11, visto em geral como um hino pré-paulino).

Uma história, um poema, um oráculo, uma sentença, à guisa de exemplo, podem ser transmitidos oralmente durante longo tempo e só posteriormente receberem formulação escrita. Se hoje existem na Escritura dois ou mais textos que são tão aparentados que se poderia pensar, com grande probabilidade, que sejam

---

[8] Cf. H. Simian-Yofre, "Diacronia: os métodos histórico-críticos", p. 90-93.

[9] Alguns exemplos de textos transmitidos diversas vezes são: Sl 14 e 53; Is 2,2-5 e Mq 4,1-3; Ex 20,2-17 e Dt 5,6-21; Gn 12,10-20; 20,1-18 e 26,1-17a; 1Sm 16,14-23 e 1Sm 17; 1Sm 24,1-23 e 26,1-25; 1Rs 17,17-24 e 2Rs 4,8-37.

variações a partir de uma tradição oral, em princípio poder-se-ia contar com as seguintes hipóteses:

- Uma formulação oral transmitida por tempo indefinido, seguida de modificações que dariam origem, já na fase oral, às diferenças hoje existentes nos textos escritos.

- Uma formulação oral transmitida por tempo indefinido, que somente sofreu variações por obra do(s) redator(es), quando foi posta por escrito.

- Uma formulação oral transmitida por tempo indefinido, seguida de modificações que dariam origem, já na fase oral, às diferenças hoje existentes nos textos escritos e que foram conjugadas num mesmo texto ao serem colocadas por escrito.

Em esquema:

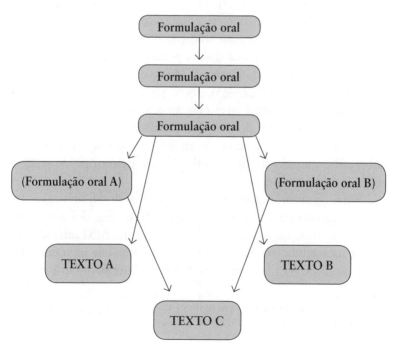

O estudo da transmissão oral visa esclarecer o sentido de um texto, quando as outras etapas metodológicas não oferecem um esclarecimento suficiente. Poderia ser proveitoso quando se procura traçar mais precisamente a base histórica de uma narração. No entanto, por ultrapassar os dados textuais, comporta um alto grau hipotético, o que levanta a questão de sua real utilidade. A comparação em nível textual (sem a pergunta sobre a fase oral) entre textos formulados de modo semelhante, atentando para os pontos comuns e as diferenças, pode ser, contudo, profícua, para evidenciar as concepções e as finalidades de uma perícope.

1.7 Crítica das tradições e intertextualidade

A análise das tradições levanta a questão acerca dos procedimentos de intertextualidade. Quando se tem a referência de um texto a uma tradição ou quando um texto está utilizando outro(s)? Se, por exemplo, em Is 1,9-10 e Sf 2,9, fala-se em Sodoma e Gomorra, isto significa que há uma relação textual entre os dois, de modo que Is teria conhecido Sf ou vice-versa? Ou dependeriam ambos de uma tradição narrativa (oral ou escrita) que mencionaria os delitos destas povoações, fazendo delas paradigma de pecado e de punição? Ou se o livro dos Atos fala de João Batista (cf. At 13,24-25), como interpretar as semelhanças ou diferenças existentes para com os textos evangélicos (cf. Mt 3,1-12; Mc 1,4-8; Lc 3,3-18; Jo 1,19-28)? A questão em geral não se põe quando se trata da análise das tradições, mas sim, sobretudo, quando se supõe poder traçar algum tipo de relação intertextual entre dois ou mais textos.

Entre os autores, podem-se observar grandes diferenças acerca do conceito de intertextualidade.[10] Há os que defendem um sentido estrito, no sentido de que haveria intertextualidade somente na medida em que se pudesse constatar que uma determinada perícope está fazendo uso de textos (escritos). Outros con-

---

[10] Ver, à guisa de exemplo, a panorâmica traçada por S. Moyise, que distingue cinco perspectivas: "Intertextuality and Biblical Studies: A Review", *Verbum et Ecclesia* 23 (2002) 418-431.

sideram tratar-se de intertextualidade mesmo quando se trata do uso de tradições.

É possível que não seja estritamente necessário ou nem sempre possível traçar um limite preciso entre tradição e intertextualidade. No entanto, embora estas duas realidades possam-se entrelaçar, são conceitualmente diversas. A distinção reside na possibilidade de se demonstrar que um texto utilizou outro texto (escrito) ou que ele, ao contrário, usou um conjunto de ideias (que pode estar também presente em outros textos) igualmente dependente da mesma tradição.

Duas possíveis situações-modelo:

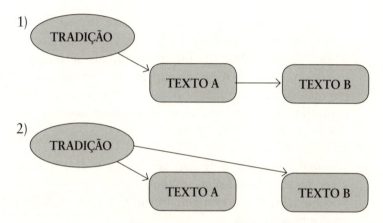

Surge daí a necessidade de serem estabelecidos critérios que identifiquem uma relação intertextual e que, com isso, por eliminação, joguem luz sobre a questão de uma dependência tradicional. Por sua clareza, os critérios para verificação de relação intertextual elencados por Markl[11] podem ser úteis:

- *Referência*: trata-se da verificação da medida em que um texto espelha outro pela *temática*.

---

[11] Cf. D. Markl, "Hab 3 in intertextueller und kontextueller Sicht", *Biblica* 85 (2004) 99-108, aqui p. 100.

- *Comunicação*: diz respeito ao *vocabulário* empregado; envolve a clareza acerca de se é possível determinar que um texto queira referir-se a outro (comunicar se com outro), através da utilização de termos, expressões, construções idênticas ou semelhantes.

- *Estrutura*: refere-se ao fato de existirem entre os textos elementos que apresentam função semelhante dentro da estrutura do texto em que se encontram; por exemplo, uma pergunta retórica na conclusão do texto, com função de introduzir uma afirmação (cf. Mq 7,18).

- *Seletividade*: diz respeito à proporção do uso das palavras entre os textos e em relação ao conjunto da Escritura. Maior probabilidade de intertextualidade se dá: quanto maior o número de termos e expressões comuns aos textos em questão; quanto menor é seu uso fora destes textos; e, sobretudo, quando há termos e expressões que são utilizados exclusivamente entre estes textos.

- *Diálogo*: concerne à tensão semântica e de pensamento entre os textos, ou seja, quando pontos comuns (temas, vocabulário, função na estrutura) apresentam diferenças num e noutro texto.

A ausência de elementos que permitam afirmar uma relação intertextual corrobora a hipótese de se tratar de fato de uma tradição comum utilizada por diversos textos independentes.

1.8 Crítica das tradições, intertextualidade e crítica da redação

As observações acima orientam a se distinguir igualmente entre crítica das tradições e crítica da redação. A diferença encontra-se no fato de que, na crítica das tradições, as semelhanças (mesmo se com pontos de vista diversos) encontram-se em textos redacionalmente independentes. Se houver uma dependência redacional, esta é suficiente para explicar os pontos de contato porventura existentes entre as perícopes. Com efeito, se um texto depende redacionalmente de outro, não se pode comprovar que a utilização dos mesmos motivos e temáticas se deve ao fato de ele estar usando a mesma tradição. Provável é que o texto dependente utilize os elementos do outro e, nesta medida, faça uso da mesma temática e terminologia, referindo-se à mesma tradição por influência do outro texto.

Dois esquemas básicos, semelhantes aos referentes à questão da intertextualidade, podem ser aqui identificados:

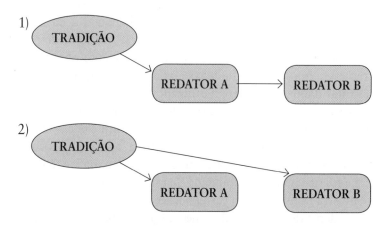

Dois textos podem utilizar uma mesma tradição, mas só a partir da análise redacional é possível, em certa medida, constatar se se trata do uso independente da mesma ou da influência redacional de um sobre o outro.[12]

Por outro lado, deve-se também distinguir entre intertextualidade e dependência redacional. Embora possa haver pontos de interseção entre os dois e a análise da intertextualidade possa lançar luz sobre a dependência redacional,[13] esta última exige *contatos muito mais estreitos* do que aqueles exigidos pela análise da

---

[12] Sobre os procedimentos da crítica da redação, cf. o capítulo sobre o assunto.
[13] Cf. D. Markl, "Hab 3 in intertextueller und kontextueller Sicht", *Biblica* 85 (2004) 100.

relação intertextual. Não há uma fórmula matemática para resolver a questão; a orientação acerca de uma resposta depende dos dados que podem ser levantados e do juízo maduro acerca deles.

2. Momento e passos da crítica das tradições

Em virtude de a crítica das tradições utilizar muitos dados levantados pela crítica da forma, esta última deve preceder a crítica das tradições. Por outro lado, em alguns textos, a questão das tradições pode estar estreitamente vinculada à da redação, de modo que uma lança luz sobre a outra. Muitas vezes é mais útil trabalhar a crítica da redação num momento anterior à das tradições, pois a pesquisa de vocabulário em concordâncias pode levantar dados úteis a serem utilizados na avaliação das tradições presentes num texto. Por outro lado, quando se trabalha a crítica das tradições antes da crítica da redação, é útil elencar já aqui os elementos que dizem respeito a esta última, aproveitados então de modo sistemático mais tarde, ao se proceder à análise redacional. É a experiência e a sensibilidade do estudioso que orientará o que se mostra mais útil num caso concreto.

Independentemente da questão redacional, no entanto, a utilização de motivos, temas e tradições já por si mesma abre a perspectiva da compreensão do texto tendo em consideração um mundo conceitual mais profundo do que à primeira vista poderia parecer. A identificação da dependência redacional torna--se importante, então, no caso de se querer traçar a história que uma dada tradição percorreu ou na medida em que se procura relacionar uma tradição com um grupo de redatores mais amplo (por exemplo, a redação deuteronomista, a redação sacerdotal, a escola joanina ou paulina).

Como o estudo das tradições que estão na base de um texto é feito a partir da análise de expressões linguísticas, imagens e concepções, fundamental é o uso de concordâncias e dicionários, que indicarão textos que utilizam o mesmo vocabulário ou tratam da mesma temática. Também comentários, artigos especializados e monografias normalmente fazem referência a textos que apresentam terminologia idêntica ou semelhante.

Os passos na identificação de uma tradição são:

- Analisar o vocabulário, para averiguar a existência de outros textos aparentados quanto a formulações e temática.

- Analisar formulações e temáticas, com a finalidade de identificar como estão organizados estes elementos. É importante indicar a temática central e os temas a ela vinculados.

- Refletir sobre os dados recolhidos nas análises precedentes. Há uma tradição comum quando em textos literariamente independentes pode ser demonstrada a presença de um panorama cultural comum.

- Uma vez identificada e possivelmente localizada a tradição em um conjunto mais amplo de tradições, pergunta-se sobre a relação entre o texto e a tradição, para se observar se ele é determinado totalmente por ela, se a desenvolve ou modifica – e em que pontos.

- Tem lugar então a reflexão de síntese sobre as concepções que a tradição identificada aporta para a compreensão do texto.

Um estudo ulterior localizaria a tradição no tempo e no espaço, relacionando-a com as grandes linhas de pensamento do Antigo e do Novo Testamento e, possivelmente, com textos das culturas vizinhas, sobretudo de época próxima à do texto em questão.

Exemplo 1: Os 14,8

O texto de Os 14,8 pode servir de exemplo para a crítica das tradições por apresentar diversos elementos que foram discutidos acima.

Crítica das tradições 159

Texto: "Retornarão os que habitam à sua sombra, farão reviver o grão e florescerão como a videira. Seu renome será como o vinho do Líbano".

O tema do versículo, com a ideia de retorno à terra, cultivo do solo e desenvolvimento do povo, evoca as tradições da eleição e da posse da terra: em Abraão, ao povo de Israel é prometida uma terra (cf. Gn 12,1.7); Israel entra na terra prometida por Deus, terra idealizada, apresentada com a máxima excelência ("leite e mel": Ex 3,8.17; Nm 13,27; Dt 6,3; Js 5,6; Jr 32,22). Lá o povo pode-se estabelecer em segurança, cultivar produtivamente o solo ("farão reviver o grão") e desenvolver-se completamente (cf. Nm 13,20.23). À luz deste mundo conceitual, a dimensão de significado do v. 8 alarga-se, de modo que pode ser compreendido como a realização das promessas de Deus feitas aos patriarcas e meta do caminho do êxodo. De outro lado, a comparação com outros textos que refletem esta tradição (cf. Ex 13,5; 33,3; Lv 20,24) indica ser nosso versículo, em virtude das imagens que emprega, uma representação que eleva a um nível máximo o cumprimento da expectativa de posse da terra.

O texto apresenta alguns motivos. Primeiramente, a imagem da "sombra", que pode evocar fragilidade (cf. Jó 7,2; 8,9; Sl 102,12), mas aqui transmite a ideia de proteção (cf. Is 4,6; Ez 17,23; 31,6; Jn 4,5-6). A expressão "habitar à sombra", de sua parte, encontra-se muitas vezes ligada à tradição da posse da terra: habitar ou sentar à sombra da figueira, da videira ou da oliveira (cf. 1 Rs 4,25; Mq 4,4; Zc 3,10). Em nosso texto, no entanto, apresenta outro sentido, pois refere-se não a um vegetal, mas a Israel como povo ou a Deus.[14] É, portanto, uma expressão que, neste texto em concreto, não se relaciona imediatamente com a posse da terra, embora possa contribuir para a evocação desta tradição ao empregar uma formulação utilizada de modo semelhante em outros textos que a explicitam.

---

[14] Conforme seja lido "sua sombra", com o texto hebraico, isto é, a sombra de Israel; ou "minha sombra", de Deus, com a Setenta.

Em segundo lugar, o motivo de "florescer como a videira". Trata-se de duas imagens que se entrelaçam. "Florescer" evoca a ideia de vitalidade levada a pleno desenvolvimento (cf. Gn 40,10; Is 27,6). A "videira" é usada muitas vezes como imagem para a fecundidade, o bem-estar, a tranquilidade e paz na terra de cultura (cf. Gn 49,11; Nm 20,5; 1Rs 5,5; Mq 4,4).

Em terceiro lugar, usa-se o motivo do vinho, aqui ligado ao do Líbano, numa expressão única na Escritura. O vinho é usado, no Antigo Testamento, com diversos valores; aqui, é uma imagem positiva (cf. Est 1,10; Jó 1,13; Sl 104,15; Pr 9,5). Unido à imagem do Líbano, evoca a beleza e excelência do Líbano, conhecido por suas florestas majestosas (cf. 1Rs 5,6; Sl 92,13; Is 2,13; 14,8; 35,2).

Exemplo 2: Mc 10,40-45

Texto: "[40]Um leproso foi até ele, suplicando-lhe de joelhos: 'Se queres, podes purificar-me'. [41]Movido de compaixão, estendendo a mão, tocou-o e disse: 'Eu quero, sê purificado'. [42]Imediatamente a lepra o deixou e foi purificado. [43]Advertindo-o com rigor, despediu-o imediatamente, [44]dizendo-lhe: 'Vê que não digas nada a ninguém, mas vai mostrar-te ao sacerdote e oferece por tua purificação o que Moisés prescreveu, como testemunho para eles'. [45]Mas ele saiu, começou com zelo a anunciar e a difundir a palavra, de modo que ele não podia mais entrar publicamente em uma cidade, mas ficava fora, em um lugar solitário. E vinham a ele de todas as partes".

Nestes versículos ocorre três vezes o verbo "purificar" (καθαρίζω) e uma vez o substantivo "purificação" (καθαρισμός). Trata-se, portanto, de uma temática neles fortemente acentuada. A estes termos está ligada uma ideia tradicional que tem, já no Antigo Testamento, um significado religioso próprio. Trata-se da purificação da lepra, doença considerada como uma das piores situações em que poderia estar um homem, tão aparentada à da morte (cf. Nm 12,12) que sua cura era considerada uma ressurreição (cf. 2Rs 5,7; Jó 18,13). Há uma ampla legislação em Lv

13–14 referente à lepra, distinguindo-se a lepra da pele, das vestes e das casas. Lv 13,44-46 liga à lepra a ideia de impureza: o doente ficava ritualmente impuro e devia anunciar que o era, para que ninguém dele se aproximasse; ele era expulso da vida comum (cf. Jó 2,8). Por sua vez, a ideia de pureza e impureza é explicada, no Levítico, pela relação entre Deus e o povo: Deus escolheu e santificou seu povo, excluindo-o de toda impureza. O conceito de santidade implica o de separação do que é profano e impuro. Deus é santo (cf. Lv 19,2) e separou seu povo de todos os povos, santificando-o para si (cf. Lv 20,24-26). Entende-se assim a ênfase na necessidade de purificação que perpassa estes versículos de Marcos, embora transformada em linha cristã.

De outro lado, a legislação bíblica indica que quem fosse curado da lepra deveria apresentar-se ao sacerdote, que constataria a cura, de modo que o curado poderia então participar da vida comum e do culto (cf. Lv 14,1-32). Em contrapartida, ele deveria apresentar um sacrifício (cf. Lv 14,10-13). Estes dados permitem a compreensão da ordem de Jesus no v. 44.

No Antigo Testamento há uma única narração de cura de leproso: a cura do sírio Naaman (cf. 2Rs 5,8-14).[15] Esta última passagem é mais significativa para compreensão do texto de Marcos, pois relaciona a cura diretamente a Deus (cf. 2Rs 5,15) e com a identificação de Eliseu como verdadeiro profeta (cf. 2Rs 5,8). Isto indica que a tradição de Eliseu serve como cenário para compreensão de Jesus no texto de Marcos como uma figura profética.

Além disso, como Mt 11,4-5 e Lc 7,22 colocam a purificação da lepra junto com outras obras esperadas para os tempos finais (cf. Is 26,19; 29,18-19; 35,5-6; 61,1), pode-se entrever também esta perspectiva para o texto de Marcos.

Um segundo ponto que chama a atenção ocorre no v. 41: a expressão "estendendo a mão" (ἐκτείνας τὴν χεῖρα). Pode ser

---

[15] No caso de Maria (cf. Nm 12,4-16) não se explicita sua cura, embora ela seja suposta pelo fato de a irmã de Moisés ser readmitida ao acampamento. A tradução da Setenta deixa claro que ela foi purificada (cf. v. 15: ἐκαθαρίσθη).

interpretada simplesmente como gesto característico de cura, que demonstra a autoridade do taumaturgo (cf. Mt 14,31: o poder). Mas poderia também ser considerada sobre o horizonte dos sinais de Deus realizados por Moisés no Egito (cf. Ex 4,4; 7,19; 9,22-23; 14,16.26-27),[16] o que evocaria a ideia de poder divino que Jesus opera, em Marcos, em nome próprio (cf. v. 41: "Eu quero...").

No trabalho científico

Num trabalho científico, a análise das tradições não precisa operar "ex novo". Ela supõe o conhecimento das (principais) tradições já identificadas no Antigo e Novo Testamento. Indicações podem ser encontradas nos comentários exegéticos, em monografias e artigos especializados. O estudioso analisa os resultados a que chegou a pesquisa, confrontando-os com os dados que o texto em questão oferece. Caso as afirmações dos autores não lhe sejam comprovadas, cabe-lhe então proceder à análise (como indicado acima), em vista de melhor identificar a tradição ou tradições presentes no texto.

Bibliografia para esta etapa do trabalho

Como a crítica das tradições utiliza a análise de vocabulário e temas, são aqui úteis as mesmas concordâncias e dicionários já indicados para a etapa da crítica da redação. No que concerne a temas, dicionários bíblico-teológicos podem ser de grande valor. Algumas indicações:

BAUER, B. (org.). *Dicionário bíblico-teológico*. São Paulo, Loyola, 1988.

LÉON-DUFOUR, X. *et alii* (org.). *Vocabulário de Teologia Bíblica*. Petrópolis, Vozes, 2009[11].

LURKER, M. *Dicionário de figuras e símbolos bíblicos*. São Paulo, Paulus, 1997.

MCKENZIE, J. L. (org.). *Dicionário Bíblico*. São Paulo, Paulus, 1984.

---

[16] Cf. R. Pesch, *Il Vangelo di Marco. Parte prima*, Brescia, Paideia, 1980, p. 244.

MONLOUBOU, L (org.). *Dicionário Bíblico Universal*. Petrópolis, Vozes, 2004².

RAID, D. G. (org.), *Dicionário Teológico do Novo Testamento*. São Paulo, Vida Nova – Loyola, 2012.

ROSSANO, P.; RAVASI, G.; GIRLANDA, A. (org.), *Nuovo Dizionario di Teologia Biblica*. Milano, Paoline, 1988.

VAN DEN BORN, *Dicionário Enciclopédico da Bíblia*. Petrópolis, Vozes, 2004⁶.

CAPÍTULO 7

COMENTÁRIO EXEGÉTICO

1. O comentário como ponto de chegada da metodologia

A partir das análises feitas nas diversas etapas metodológicas, desenvolve-se o comentário exegético a um texto bíblico. Todos os elementos levantados devem ser pensados neste momento em relação à questão da compreensão e da interpretação do texto.

O comentário exegético explana em detalhes particularmente a dimensão semântica. Considerando-se a forma, o gênero literário, as tradições subjacentes, juntamente com a época em que o texto foi escrito e o que ela implica em termos culturais e religiosos, tem-se a moldura que orienta a avaliação de suas colocações.

O comentário deve-se desenvolver a partir da estrutura do texto decifrada na crítica da forma. Duas maneiras de apresentação da análise semântica mostram-se, nesse sentido, particularmente frutuosas: a partir de cada uma das seções do texto, na ordem em que ocorrem; ou a partir de temáticas, em ordem lógica. No primeiro caso, respeita-se com exatidão a estrutura delineada anteriormente, comentando os versículos dentro das seções em que ocorrem e na mesma sequência em que estas ocorrem no texto. No segundo caso, são indicados os principais temas abordados no texto; cada um destes temas pode estar contido numa única seção ou pode aparecer, de modo variado, em mais de uma seção; desse modo, explica-se o texto respeitando a estrutura, mas olhando-o como um todo, numa visão mais global e abrangente.

Assim, por exemplo, pode se fazer o comentário de Os 14,2-9 seguindo-se as seções identificadas: v. 2-4; v. 5; v. 6-8; v. 9. Ou se pode explicá-lo segundo as temáticas: o chamado à conversão (sua base: v. 5; o chamado propriamente dito: v. 2-4; a retomada da interpelação: v. 9a); a restauração de Israel (a premissa: v. 6a; a descrição: v. 6b-8; o princípio: v. 9b). O comentário a Mc 1,40-45, de forma semelhante, pode ser feito segundo os momentos do texto (v. 40a.b; v. 41; v. 42; v. 43-44; v. 45) ou pelas diversas temáticas identificadas (o encontro do leproso com Jesus; o modo da cura; a advertência de Jesus e sua relação com a Lei; consequências para o ministério de Jesus).

2. Como realizar a análise semântica

A análise semântica deve perpassar todos os versículos do texto de estudo, sem descurar detalhes significativos, pois é a partir do conjunto que se pode entender com justeza o significado das partes singulares. Cumpre, aqui, primeiramente, identificar termos e expressões mais importantes, ideias, temáticas, personagens, pontos geográficos e eventos citados..., aprofundando sua semântica. É necessário, igualmente, considerar o texto no seu contexto, pois estes elementos têm seu valor não somente em si mesmos, mas no seu uso. Para isso serve a consideração do contexto imediato onde estão ocorrendo e ainda de paralelos no livro e, eventualmente, também no Testamento em que o texto se localiza (ou no conjunto da Escritura, para textos do Novo Testamento). O uso de concordâncias, dicionários bíblicos e bíblico-teológicos, além dos comentários e obras especializadas, auxilia a identificar o significado de termos e expressões, a encontrar textos com temáticas afins (para além dos já identificados nas outras etapas do método), para melhor considerar suas valências e explorar suas possibilidades de sentido.

Muito importante, na análise exegética, é considerar quem fala no texto. De fato, a compreensão de um texto não se pode dar somente na base da consideração de elementos sintáticos, gramaticais e semânticos, pois isto leva a conhecer somente *o que é dito*, não o valor, que varia de acordo com aquele que fala e com quem recebe. Ou seja: é útil considerar, para além do conteúdo do texto (o que ele diz, considerada a semântica): quem fala e a quem fala, que pretende e como o faz.[1]

2.1 O texto em seu ambiente de origem

Todos os dados levantados devem servir a responder às questões básicas em torno do sentido do texto na época em que foi redigido. Estas podem ser assim resumidas nas seguintes perguntas, que se podem relacionar mutuamente, no sentido de que a resposta de uma pode já entrar no terreno da outra:

- Para que o texto foi escrito?

- Para quem ele foi escrito?

- Que quer ele comunicar?

- Que quer ele defender e/ou rejeitar?

- Qual seu ponto central?

- Quais são os elementos integrantes, que corroboram a ideia central?

- Quais argumentos o texto apresenta para justificar suas ideias?

- Quais recursos são utilizados para conduzir o pensamento do leitor e o convencer acerca da tese central do texto?

---

[1] Cf. R. Nay, *Jahwe im Dialog. Kommunikationsanalytische Untersuchung von Ez 14,1-11 unter Berücksichtigung des dialogischen Rahmens in Ez 8 –11 und Ez 20*, Roma, Pontificio Istituto Biblico, 1999, p. 10-13.

COMENTÁRIO EXEGÉTICO 167

2.2 O texto no contexto da fé

Como a exegese não se limita a compreender o texto no seu momento original, mas ainda a fornecer elementos para interpretá-lo, cabem aqui ainda duas ordens de questão. Em primeiro lugar, cumpre interrogar o texto dentro do contexto da fé, analisando:

• o que o texto aporta, considerado o conjunto a mensagem da Escritura – entra aqui a questão da relação entre os dois Testamentos;

• se há dados aceitos na Tradição cristã que auxiliam a compreensão do texto de estudo: textos patrísticos, teológicos, documentos do Magistério;

• quais verdades da fé são iluminadas pelo texto ou iluminam o texto – sobretudo considerando as grandes realidades que estão em jogo na Escritura: Deus, o ser humano, a comunidade de fé: que fala o texto sobre Deus, sobre o ser humano, sobre a Igreja.

2.3 O texto e a época atual

Em seguida, cabe ainda neste momento a aproximação do texto com a situação (cultural, religiosa, histórica) em que se encontra o estudioso e a sociedade da qual faz parte. A pergunta fundamental, nesse ponto, é sobre os aspectos da vida atual que podem ser iluminados pelo texto. São aspectos:

• da situação eclesial: aspecto eclesiológico;

• da situação humana em geral: aspecto antropológico;

• da situação cultural, valores e estruturas de pensamento e de ação: aspecto moral (individual e social) e espiritual.

3. O lugar das fases da análise semântica na apresentação do trabalho científico

Como o estudo do texto em seu sentido literal é a tarefa principal, embora não a única, da exegese, a análise semântica do texto em seu momento de origem é parte constitutiva do trabalho exegético, e por isso entra, no esquema de trabalho científico, como item à parte.

A partir da compreensão aprofundada do texto, é possível averiguar as hipóteses que deram início ao estudo: se são confirmadas, rejeitadas ou devem ser modificadas e precisadas. O problema que originou o estudo e levou à formulação de hipóteses deve então, na medida do possível, chegar a ser respondido.

O estudo do texto no contexto da fé e em sua significação para a época atual é normalmente, no trabalho científico centrado na análise exegética, menos desenvolvido do que o exame do texto em seu momento originário. Pois um estudo igualmente aprofundado dos dados da fé e da cultura hodierna, necessários para se tirar do texto bíblico sua relevância, em geral ultrapassa a competência do exegeta e seu escopo direto. É nesse sentido que, num estudo científico, estes dois passos em si não deveriam apresentar-se como parte constitutiva do trabalho, pois, nesse caso, haveria uma dissimetria evidente entre o aprofundamento da análise semântica do texto em seu contexto original e sua consideração em relação à fé e aos desafios atuais. Dessa maneira, a não ser que o trabalho tenha por finalidade exatamente estabelecer a relação de uma determinada passagem bíblica com o dado da fé e/ou com aspectos da cultura atual, seria mais congruente que estes dois últimos aspectos fossem trabalhados na conclusão final, mais indicando pistas do que pretendendo abarcar todos e totalmente os aspectos em questão.

APÊNDICE 1

PRINCIPAIS GÊNEROS LITERÁRIOS DO ANTIGO TESTAMENTO

Um quadro completo e unívoco acerca dos gêneros literários encontrados no Antigo Testamento é uma tarefa complexa, dada a grande quantidade de dados presentes e a possibilidade de que haja, numa mesma unidade textual, gêneros diversos. No entanto, pode ser útil certa classificação, tanto no sentido de abrir o leque da variedade de gêneros como no de orientar a atenção para os principais elementos a serem considerados em cada um. A classificação abaixo está baseada na forma e no estilo (prosa, poesia), conjugando-os com a observação do conteúdo veiculado.

1. Narrações

Saga

A *saga* é uma narrativa que transmite uma tradição, procurando dar o sentido de um evento ou de um dado antropológico. Seu interesse não é narrar história, mas edificar um grupo (família, clã, tribo, povo), reafirmando sua identidade e colocando a base para compreensão de seus elementos fundantes. Há diversos tipos de saga, sendo os principais:

- *Saga primitiva*, que veicula narrações relacionadas aos primórdios dos grupos humanos. Exemplos são as narrações acerca da criação, do dilúvio e da torre de Babel (cf. Gn 2,4-25; 6,1–9,17; 11,1-9).

- *Saga familiar*, que diz respeito a eventos fundantes do clã, tribo ou povo e giram em torno de questões familiares (matrimônio, esterilidade, nascimento de filhos etc.). Exemplos são Gn 16; 18,1-16; 25,18-34.

- *Saga heroica*, que difere da anterior porque tem um horizonte mais amplo que o familiar. Exemplos são, em geral, as narrações do livro dos Juízes, as histórias relativas a Saul e Davi (cf. 1Sm 11–2Sm 5).

- *Saga etiológica* ou *etiologia*, quando procura explicar alguma realidade, mostrando de onde provém, qual sua origem ou causa. Aqui se coloca, dentre outros textos, a explicação da inimizade entre Israel e Edom (cf. Gn 27), um costume alimentar (cf. Gn 32,22-32) e uma formação geológica (cf. Gn 19,15-26).

- *Saga local*: ligada à explicação de um lugar (cf. Gn 21,22-32; 26,18-22.26-33; 28,11-19).

Novela

Na saga, a narrativa se desenvolve normalmente de modo linear, com poucos personagens. Uma narração que reúne diversos eventos numa continuidade e envolve um tempo mais largo, incluindo muitas vezes elementos dramáticos, é denominada *novela*.[1] Um exemplo é a história de José, em Gn 37–50, e os livros de Rute e Ester.

---

[1] Cf. R. Rendtorff, *Introduzione all'Antico Testamento*, Torino, Claudiana, 1994², p. 119.

Lenda

O termo *lenda* não significa aqui, como popularmente é considerado, uma narração de cunho imaginativo, irreal. Ela pode estar radicada num fato real, mas o desenvolve não para relatar dados, mas para dar uma mensagem, incutir uma doutrina ou comportamento.

A *lenda* difere da saga porque, girando em torno de personagens ou instituições, tem a finalidade mais explícita de evidenciar seu valor moral ou religioso. Nem sempre é fácil, porém, distinguir os dois gêneros. A narrativa acerca do valor cultual de Betel (cf. Gn 28,11-19), por exemplo, pode ser compreendida como uma saga local ou uma lenda. Lendas podem ser consideradas também as narrativas em torno da arca (cf. 1Sm 4–6; 2Sm 6).

As narrações de Dn 1–6, por serem relatos cuja trama desenvolve-se numa corte real e envolvem elementos fabulosos e sobrenaturais (a mão que escreve na parede, a cova dos leões...), podem ser classificadas como "lendas da corte".[2]

Anedota

Quando o relato se concentra sobre um personagem é dito *anedota* (cf. 1Sm 21,10-16). Pode ser curto (cf. Gn 35,8) e muitas vezes apresenta detalhes curiosos ou fantásticos. Exemplos são alguns relatos do ciclo de Elias e Eliseu (cf. 1Rs 17,1-6.7-16; 2Rs 4,1-7.38-41); o relato da jumenta de Balaão (Nm 22,22-35); e diversos episódios da vida de Sansão (cf. Jz 15,1-8.9-15; a narrativa em sua totalidade, Jz 13–16, pode ser considerada uma novela).

Historiografia

São narrações que relatam acontecimentos relacionados com a nação inteira, muitas vezes baseando-se em fontes (por exemplo, os Anais reais citados no livro dos Reis). É uma narração linear, sem cenas ou clímax, apresentando muitas vezes detalhes

---

[2] Cf. J. J. Collins, *Daniel*, Minneapolis, Fortress Press, 1993, p. 42-44.

geográficos, cronológicos e culturais. É simples relato de fatos, com eventuais explicações. Exemplos são os relatos da ascensão de Davi ao trono (cf. 1Sm 15–2Sm 5) e de sua sucessão (cf. 2Sm 9–1Rs 2), bem como as narrativas sobre os diferentes reis de Israel e Judá (no livro dos Reis) e os eventos em torno dos Macabeus (em 1 e 2Mc). A historiografia bíblica difere fundamentalmente da historiografia moderna, uma vez que, além de dispor de fontes mais restritas, tem uma intenção religiosa, narrando os acontecimentos de forma a ressaltar, em última instância, seu caráter de anúncio acerca de Deus, a relação entre as ações humanas e o plano de Deus e o juízo divino sobre a história.

A questão do mito

O conceito de mito é variável e não pode ser uniformizado com facilidade: pode ser considerado um relato sem nenhuma base verídica ou então uma narrativa que visa expressar um dado considerado uma verdade universal. Não se pode transferir de forma imediata o conceito moderno de *mito*, de linha antropológica, sociológica e psicológica para o Antigo Oriente Próximo, composto de culturas tão diferentes das atuais em tempo, espaço e instituições. Mito, nestas culturas, não é simplesmente uma forma de expressão simbólica, obscura ou poética da realidade; é um modo de pensar que traça uma ligação imediata com a realidade. Assim, por exemplo, no mito mesopotâmico de Tamuz, deus da fertilidade, este deus morre e vive assim como a vegetação morre no inverno e volta à vida na primavera. No mito pode-se distinguir entre a narrativa em si mesma e o ensinamento que ela quer veicular.[3] O mito não pretende comunicar uma verdade histórica, no sentido de referir-se a um acontecimento histórico singular, ocorrido num determinado tempo e espaço. Mas pode visar a comunicar uma verdade que é histórica no sentido de se

---

[3] Cf. J. J. Scullion, "Genesis, the narrative of", in D. N. Freedman (org.), *The Anchor Bible Dictionary*, v. 2, New York, Doubleday, 1992, p. 956-958.

colocar como um dado existencial, que ultrapassa as manifestações históricas concretas.[4] Segundo esta perspectiva, "não há propriamente mitos no Antigo Testamento, embora possa ocorrer frequentemente uma linguagem e imagens míticas"[5] (cf. Is 27,1; 51,9; Ez 28,11-19; Am 9,3; Sl 74,14; 89,11). No Gênesis, há uma base mitológica no relato da união dos "filhos de Deus" com mulheres, em Gn 6,1-4. Também em Gn 1–3 há traços mitológicos.

Fábula

Narração que, para falar da vida humana, utiliza como personagens, sobretudo, elementos do mundo animal ou vegetal, com a finalidade de levar a compreender mais profundamente a realidade significada. Exemplos: Jz 9,8-15; 2Rs 14,9 (fragmento de fábula[6]).

Parábola

É uma narração fictícia com finalidade didática. Na parábola, importa a mensagem central, não todos os detalhes. Estes, por sua vez, contam não em si mesmos, mas na medida em que criam a moldura para o ponto de vista central. Exemplos: 2Sm 12,1-4 (história de Natan; não se aplica, em todos os detalhes, a Davi e Urias); Is 5,1-7.

Alegoria

Série de metáforas ou comparações em que cada elemento tem um significado específico no todo. Exemplos: Ez 15,6-8; 17,1-10; Pr 5,15-19.

---

[4] Cf. G. Betori, "Mito", in P. Rossano; G. Ravasi; A. Girlanda (org.), *Nuovo Dizionario di Teologia Biblica*, Cinisello Balsamo (Milano), San Paolo, 1994[5], p. 1001-1002.

[5] J. J. Scullion, "Genesis, the narrative of", p. 958.

[6] Cf. G. VON RAD, *La Sapienza in Israele*, Genova, Marietti, 1990, p. 47.

Relatos biográficos

Mencionam fatos relativos à vida de um personagem, com a finalidade de perenizar sua memória e/ou de justificar seus feitos. Podem ser descritos em terceira pessoa (é narrado algo sobre os personagens: cf. Os 1,2-9; Am 7,10-17) ou em primeira pessoa (relato autobiográfico: Os 3,1-5; as memórias de Neemias: cf. Ne 1,1-11 *et passim*). Difere da anedota por seu caráter mais sóbrio, que foge ao extraordinário e sensacional.

Relatos de vocação

Descrevem o chamamento de um personagem para uma missão dada por Deus. Existem relatos de vocação proféticos e relatos de vocação não proféticos. Seus elementos são, em geral: aproximação de Deus; indicação da situação de quem é chamado; o chamado propriamente dito (palavra ou ação simbólica; indicação da missão); objeção por parte do vocacionado; resposta de Deus (garantia de proteção e ajuda); conclusão.

Chamados para a função de profeta são a visão de Isaías (cf. Is 6,1-13), a vocação de Jeremias (cf. Jr 1,4-10) e as experiências fundantes de Ezequiel (cf. Ez 1–3).

Relatos de vocação fora da literatura profética são, por exemplo, o chamado de Moisés (cf. Ex 3,1-22), de Gedeão (cf. Jz 6,11-24), de Samuel (cf. 1Sm 3,1-21).

Um gênero assemelhado ao de relato de vocação é o *relato de apresentação*, em que alguém é apresentado ou se apresenta em sua missão: cf. Is 42,1-4; 61,1-3.

Relatos de visão e sonhos

Descrevem a visão ou o sonho e, algumas vezes, apresentam sua explicação. Seus elementos são, em geral: indicação da situação em que ocorre a visão ou o sonho; descrição da visão ou do sonho; diálogo com Deus; explicação; conclusão. Alguns exemplos são Gn 40,9-22; Am 7,1-3; Jr 1,11-12; Zc 2,1-4.

Relatos de ação simbólica

Narram dramatizações de uma mensagem que se quer comunicar. São encontrados particularmente em textos relacionados a personagens proféticos. Sua estrutura apresenta normalmente três momentos: ordem de Deus; realização da ordem (às vezes subentendida); explicação do significado da ação. Exemplos: Is 20,2-6; Jr 13,1-11; Ez 4,1-17; 12,1-16; 21,23-32.

Anúncios de nascimento

Relata a promessa da concepção e nascimento de um filho. O esquema literário usa uma chamada de atenção através de הִנֵּה ("eis que"), seguida de uma instrução dada à mãe acerca da criança e, por vezes, da explicação do nome do filho. Cf. Gn 16,11-12; Jz 13,3-5; Is 7,14-16.

2. Textos do âmbito do direito

São propriamente textos jurídicos ou a eles aparentados, por pressuporem uma avaliação de comportamento ou criarem uma situação que implica imediatamente direitos e sanções.

Discurso jurídico

O discurso jurídico usa formas diversas, de acordo com o andamento da contenda:

- Discurso de acusação: com a apresentação do delito à instância jurídica (pai de família, assembleia da cidade, rei) (cf. Gn 16,5; Dt 21,20; 1Sm 26,19-20; 1Rs 3,16-22; 21,13).

- Discurso de defesa: da parte do acusado ou por seus defensores ou testemunhas (cf. 1Sm 26,18; 1Rs 3,22).

PRINCIPAIS GÊNEROS LITERÁRIOS DO ANTIGO TESTAMENTO   177

- Confissão de culpa: em forma frequentemente breve, o acusado reconhece sua culpa (cf. 1Sm 26,21; 2Sm 12,13; 19,21).

- Sentença: com a declaração de inocência ou de culpabilidade do réu (cf. 2Sm 12,5.13; 1Rs 3,27).

- Sanções: após a sentença podem vir evidenciadas suas consequências, com eventuais sanções (cf. 2Sm 12,6.14; 1Rs 3,27).

Textos legislativos

Os textos legislativos são formulados de duas maneiras: apresentando um caso concreto que é analisado e normatizado; ou simplesmente enunciando uma norma, de modo positivo ou negativo.

O primeiro caso é chamado *direito casuístico*. É formulado em terceira pessoa, numa frase principal normalmente introduzida por כִּי, seguida de אִם: "quando... se...", que expõe o caso concreto. Em seguida vem a norma. Exemplos são Ex 21,7-11.12; 22,6; Dt 22,23-29.

O *direito apodítico* é formulado em imperativo afirmativo (no caso de preceitos) ou negativo (proibições), de forma generalizada, sem referência a um caso concreto. Exemplos: Ex 20,3-17; 22,20-21; 23,1-3.

Bênçãos e maldições

Junto com as formulações apodíticas podem-se contar as formulações de bênção e maldição.

As *bênçãos* são geralmente introduzidas pela palavra "bendito" (בָּרוּךְ) ou outra do mesmo campo semântico. A formulação pode referir-se à ação de abençoar (cf. Dt 33,20-24; Is 19,25) ou de declarar bendito (cf. Dt 7,14; 28,3-6; Jr 17,7), ou ainda de louvar, particularmente quando diz respeito a Deus (cf. Gn 24,27; Rt

2,20; 4,14; 1Sm 25,39). Pode também ser usada como saudação (cf. 1Sm 15,13).[7]

As *maldições* são introduzidas pelo termo "maldito" (אָרוּר). Fala de modo genérico ou então se refere a um delituoso que é desconhecido; a maldição o atingirá, contudo, mesmo se ele não é identificado ante a comunidade. Diferentemente das outras formas de direito apodítico, aqui quem realiza a punição é Deus. Exemplos: Dt 27,15-26; 1Sm 14,24.28.

Coleções de proibições e mandamentos

Reúnem cláusulas relativas ao direito, formando séries, cujo número pode variar. Muitas vezes ocorre na forma de 10 ou 12 formulações. Algumas vezes as cláusulas são reunidas por temas; outras vezes, tratam de assuntos variados. Exemplos são: Lv 18,7-20; 19,13-18; Ex 20,3-17; 23,10-19; 34,14-26; Ez 18,5-9.

Quando o conteúdo diz respeito diretamente ao culto, detalhando procedimento dos atos cultuais, tem-se um conjunto de *disposições cultuais*. Exemplos são Lv 1–5; Ex 29,10-28; Dt 26,1-11. Dentre as disposições cultuais contam-se as instruções específicas para os sacerdotes (cf. Lv 6–7).

Contratos e formulários de aliança

Trata-se de acordos celebrados entre dois parceiros ou de um terceiro em favor de alguém. Envolve indivíduos ou povos. Na Escritura são testemunhados acordos entre indivíduos, em âmbito cotidiano (cf. Gn 23; Jr 32,7-15; Rt 4,1-12), entre reis ou povos (cf. Gn 21,22-34; 26,26-33; 1Rs 5,6-12; 1Mc 8,20-32) e ainda um acordo celebrado por ocasião da escolha ou investidura de um rei (cf. 2Rs 23,1-3).

A ideia de aliança foi aplicada também às relações entre Deus e Israel e foi apresentada em parte dentro dos modelos contratuais encontrados também em outros povos. Exemplos são: Ex 20,1-17; 34,10-28; Dt 5,1-22; Js 24,1-28.

---

[7] Distintas das bênçãos são as bem-aventuranças: cf. a seguir, item 8.

Torá sacerdotal

Trata-se do ensinamento do sacerdote dirigido ao povo, frequentemente ligado à ideia de santidade, pureza e impureza. É anunciado como vontade de Deus ou por sua ordem. Alguns exemplos: Lv 7,22-27; Is 1,10-17; Sl 15; 24.

Controvérsia jurídica

Trata-se da apresentação de uma disputa judicial ou extrajudicial, em âmbito profano mas também aplicada às relações entre Deus e Israel.[8] Tais situações são atestadas entre pessoas ou grupos (cf. Dt 21,5; 25,1; Jz 6,31; Sl 31,21). Podem ser distinguidos três momentos no desenvolvimento da controvérsia: abertura, com a apresentação dos contendentes e sua acusação; desenvolvimento, com a resposta do acusado e reação do acusador; conclusão, que fecha a controvérsia mostrando reconciliação ou confronto.[9] Exemplos: Sl 35,1.23; 43,1.

A controvérsia jurídica ocorre na literatura profética dentro do quadro de anúncio de juízo. Contrapõe, como num processo judiciário, Deus e o povo. Deus pode aparecer como réu, acusado injustamente (cf. Is 43,9.26; 45,9; Jr 2,29), ou como acusador (cf. Is 3,13; 27,8; Jr 2,9; 25,31; Os 4,1-3; 12,3; Mq 6,2). Chega-se por fim a uma sentença que indica a reconciliação ou a punição do povo pecador (cf. Jr 2,9-19; Os 2,4-15; Mq 6,1-8).

3. Relatórios

São colocados aqui textos que se distinguem pelo caráter fundamentalmente informativo, não explicativo.

---

[8] Cf. G. Liedke, "רִיב rîb, Disputar", in E. Jenni; C. Westermann (org.), *Diccionario Teologico Manual del Antiguo Testamento*, v. 2, Madrid, Cristiandad, 1985, col. 970-978.

[9] Cf. P. Bovati, *Ristabilire la Giustizia. Procedure, vocabolario, orientamenti*, Roma, Editrice Pontificio Istituto Biblico, 1997, p. 23.49-50.

Listas

São enumerações. Na Escritura são encontradas listas de pessoas, de lugares, de objetos, de elementos e fenômenos da natureza:

- Listas de pessoas: de povos (cf. Gn 10); genealogias (cf. Gn 22,20-24; 25,1-4; 25,12-16; 36; Nm 1,1-44; 3,17-39; 26,4-65; 1Cr 1–9); de funcionários e pessoal do exército (cf. 2Sm 8,16-18; 20,23-26; 1Rs 4,7-19); de grupos dentro do povo (cf. Esd 2,1-61; 8,1-14; 10,18.20-43; Ne 11,3-36; 12,1-26).

- Listas de lugares (cf. Js 15–19; Nm 33,1-49).

- Listas de objetos (cf. Ex 35,21-28; Nm 31,32-47).

- Lista de elementos da natureza e fenômenos naturais (cf. Jó 28; 36,27–37,13; 38,4–39,30).

Anais

São escritos sobre acontecimentos importantes de um reinado. Os textos ocorrem basicamente no livro dos Reis. Alguns exemplos são: 1Rs 9,15-28; 11,7-41; 14,25-29; 1Rs 16,8-10.15-22.

4. Discursos, tratados e correspondência epistolar

Discursos

Supõem um orador que se dirige a uma audiência. Podem ser classificados de acordo com seu teor principal:

- *Discurso político*: usado como meio de influência política: cf. 2Rs 18,19-25.

- *Discurso bélico*: tem como escopo seja incentivar os que estão para iniciar uma batalha, seja intimidar o inimigo: cf. 2Sm 10,12; 2Cr 13,4-12; 20,20b; 1Mc 13,3b-6.

- *Discurso de despedida*: últimas palavras antes da morte, deixadas como testamento espiritual: cf. Js 23,2-16; 1Sm 12,1-17; 1Rs 2,2-9.

- *Discurso doutrinal*: pronunciado com intuito de ensinamento da doutrina. Se pronunciado em situação litúrgica por um ministro do culto, pode ser equiparado à homilia: cf. Dt 5–11 (discursos de Moisés); Sl 78; Sl 106.

- *Discurso sapiencial*: ensinamento feito pela própria sabedoria personificada. Exemplos: Pr 8,1-11.12-21; Sir 24,1-22.

Cartas

Trata-se de uma comunicação feita através de escritos enviados a um destinatário. O costume de escrever cartas é atestado na Escritura (cf. 2Sm 11,15; 1Rs 21,8; 2Rs 5,5-6; 10,2-3; Est 9,20-21). Alguns textos de cartas: 1Rs 21,9-10; 2Rs 19,9-14; Esd 4,8-16.17-22; 5,6-17; Jr 29,1-14.

5. Orações e cânticos

Nem sempre é possível separar os dois gêneros. Muitos salmos são orações em forma de cânticos. A Escritura, porém, apresenta também exemplos de orações em prosa.

5.1 Cantos da vida cotidiana

- *Canto de vitória*: cf. Ex 15,21; Js 10,12b-13; Jz 5,2-18; 1Sm 18,7.

- *Canto da vida de trabalho*: cf. Nm 21,17-18; Is 21,11-12; Ne 4,4.

- *Canto de amor e matrimônio*: cf. Ct 3,6-11; 7,1-6; Sl 45.

- *Canção satírica*: cf. Nm 21,27-30; Jz 5,28-30; 2Rs 19,21-28; Is 23,15-16; 44,19-20; 47,1-15.

- *Cântico fúnebre* (*qînah*, קִינָה): pode ser referido a um indivíduo ou a um povo. Cf. 2Sm 1,18-27; 3,33-34; Lm 1,1-11.12-22; 2,1-9.

A lamentação fúnebre é utilizada nos escritos proféticos, muitas vezes, como forma de oráculo de juízo e lamenta a punição anunciada, dando-lhe a conotação de que ela levará à morte. Exemplos: Is 14,4-21; Jr 9,9-15; Ez 19,1-11.16-21; 26,17-18; 28,12-19; 32,1-8. 17-32; Am 5,7-17.

5.2 Poesia cultual

Trata-se de orações presentes, sobretudo, em Salmos e outras preces que ocorrem em diversos tipos de livro do Antigo Testamento. Podem ser classificadas em três grandes grupos: os lamentos ou súplicas, as ações de graças e os hinos, com muitas subdivisões. Um mesmo cântico pode entrelaçar gêneros diversos e por isso ser classificado em mais do que um grupo.

Lamentação ou súplica

Apresenta a Deus uma situação de dificuldade, de diversos tipos, e pede a Deus seu auxílio. Pode ser individual ou coletiva (nacional); esta última versa sobre alguma ameaça ou catástrofe para o povo inteiro. A estrutura literária completa apresenta três personagens (o orante, Deus e o inimigo). O canto pode apresentar uma introdução (com a invocação a Deus e/ou os motivos do lamento) e se desenvolve normalmente em três momentos, cada um dos quais considera uma fase da vida do orante (indivíduo ou nação): o passado, geralmente apresentado como tempo de felicidade; o presente, em que o sofrimento impera; o futuro, dominado pela esperança. Em geral termina com uma promessa de louvor pela restauração recebida ou com uma ação de graças (exceção é o Sl 88). Alguns exemplos de súplica são: Sl 6; 7; 12; 13; 22; 35; 38; 44; 51; 60; 69; 86; 102; 142; Lm 5,1-22.

Canto de ação de graças

É proferido para agradecer a Deus que atendeu a uma prece. Pode ser classificado como ação de graças individual (cf. Sl 30; 116; 138) e ação de graças coletiva (cf. Sl 124; Ex 15,1-18; Is 12). A estrutura da ação de graças se desenvolve, em geral, com os seguintes elementos:

- convite a reconhecer a bondade de Deus (cf. Sl 118,1-4);

- apresentação da situação aflitiva da qual se foi liberado e da situação atual (cf. Sl 118,10-13);

- louvor a Deus e reconhecimento de seu auxílio (cf. Sl 30,6; 92,5; 118,21-28);

- indicação do dom que se apresentará a Deus como sinal de agradecimento (cf. Sl 40,7-8; 145,21; Is 38,20);

- exortação a louvar o Senhor (cf. Sl 118,29).

Hino

Canta o Senhor que age em favor de Israel ou que se manifesta na criação. Subentende uma profissão de fé. Apresenta-se em duas formas principais: hinos que cantam a grandeza de Deus usando verbos no particípio com valor de qualificativos de Deus (cf. Am 4,13; 5,8-9; 9,5-6; Sl 65,7; 68,7. 36; 103,3-6) e hinos que usam imperativos, como convites para o louvor (cf. Is 42,10-12). O louvor pode ser de índole genérica, sem precisar o motivo do mesmo, ou de índole mais concreta. Sua estrutura literária geralmente é articulada em dois momentos, onde, à invocação de Deus e ao convite ao louvor, se seguem os motivos para louvar a Deus e uma bênção ou declaração de confiança. Podem ser distinguidos, a partir da temática, alguns tipos de *hinos*:

- *Cânticos de Sião*, que louvam o Senhor que habita em Jerusalém, no Templo (cf. Sl 46; 48; 76; 84; 87; 122).

- *Hinos do Senhor-Rei*, que giram em torno da *realeza* de Deus (cf. Sl 47; 93; 96–99).

- *Hino sapiencial*: trata-se de um poema que tematiza a relação da sabedoria com o cosmo ou canta a grandeza e o poder de Deus na criação. Exemplos: Jó 28; Sl 8; 104; Sir 42,15–43,33; Sb 7,22–8,1. A diferença para com o discurso sapiencial é sutil; distingue-se pela forma poética mais elevada e ainda pelo fato de que se fala em 3ª pessoa e não em 1ª pessoa do singular, como no discurso.

- *Descrição teofânica*: tematiza a santidade e o poder de Deus que manifesta sua glória. Exemplos: Jz 5,4-5; Sl 29; Hab 3.

Outros tipos de cânticos

Salmos sapienciais

Não são de fácil caracterização. Distinguem-se, sobretudo, pelo grau elevado da forma expressiva e do pensamento e pela reflexão teológica. O aspecto didático não é posto em relevo, embora se possa entrever, por vezes, uma intenção de instruir. São salmos que cantam a Torá (Sl 1; 19; 119), que refletem sobre a fugacidade da vida humana (Sl 49; 73; 90) e sobre o cosmo (cf. Sl

PRINCIPAIS GÊNEROS LITERÁRIOS DO ANTIGO TESTAMENTO | 185

8; 104) ou formulam um ensinamento de cunho sapiencial (Sl 34; 37; 91; 112; 127).[10]

Salmos de confiança

Tematizam expliciamente a fé e a confiança do orante em Deus, como atitude que brota, de um modo muito pessoal, do coração do fiel. Por esse motivo, os salmos de confiança não apresentam uma estrutura fixa, mas desenvolvem-se ao sabor dos sentimentos do salmista. Alguns exemplos são: Sl 11; 16; 23; 27; 131. Os *Salmos de confiança* expressam a fé no poder de Deus, mesmo em meio às incertezas da vida humana. Mostram que o apoio e o refúgio em Deus vale mais do que as garantias humanas. Deus é aquele que sustenta e conduz a vida de seus fiéis. Representam, assim, a atitude correta do fiel diante de seu Deus: como um *eu* que se encontra numa relação pessoal com o *Tu* e que agradece a Deus pela manifestação de sua bondade.

Confissão de pecados (Salmos penitenciais)

Pedidos de perdão pelo pecado cometido ou pela condição de pecador. São pronunciados normalmente em 1ª pessoa do singular, mas frequentemente aludem, durante seu desenvolvimento, ao povo como um todo. Exemplos são: Sl 51; 130.

Salmos de ingresso

São cânticos que indicam as condições para participar do culto. Constam de uma pergunta acerca destas condições e da respectiva resposta (cf. Sl 15; 24).

Salmos requisitórios

Apresentam uma acusação de Deus contra o comportamento do povo ou contra os pecadores (cf. Sl 50; 82).

---

[10] Cf. M. GILBERT, "Sapienza", in P. Rossano; G. Ravasi; A. Girlanda (org.), *Nuovo Dizionario di Teologia Biblica*, p. 1432.

Salmos de peregrinação ou de subida

Referem-se à peregrinação a Jerusalém. Em geral trazem no título a inscrição "cântico para as subidas". São os Salmos 120–134.

Liturgias penitenciais ou proféticas

São identificadas pela existência, na mesma unidade textual, de súplicas e oráculos divinos. A mudança de sujeitos que falam corresponderia ao diálogo cultual, onde fala a assembleia e Deus responde, através do sacerdote. Ocorrem nos escritos proféticos, muitas vezes ligadas a uma situação penitencial, daí o seu nome. Sua forma apresenta dois elementos básicos: o lamento coletivo (com reconhecimento da culpa e súplica); a resposta, em forma de promessa de salvação (redigida em 1ª ou 3ª pessoa referida a Deus).[11] Exemplos são: Is 33,13-16; 40,27-31; Jl 2,12-18.

Salmos régios ou monárquicos

Concentram-se sobre a pessoa do rei. Utilizam gêneros diversos (súplicas, ação de graças), conforme peçam a proteção de Deus para o monarca ou celebrem os feitos do Senhor em seu reinado. São os salmos 2; 20; 21; 45; 72; 89; 110; 132.

As ideias mestras que estão à base destes salmos são: a promessa de perenidade da dinastia davídica (cf. 2Sm 7,12-16); a declaração do rei como "filho" de Deus (filiação em termos de proteção e especial relação); a visão ideal do rei, refletida no tom laudatório do salmo.

5.3 Orações em prosa

Ocorrem na Escritura também exemplos de orações em prosa, com temáticas variadas. Alguns exemplos:

---

[11] Cf. C. Westermann, *Das Loben Gottes in den Psalmen*, Göttingen, Vandenhoeck & Ruprecht, 1954, p. 44.

- súplicas: Gn 32,10-13; Jz 16,28; 2Sm 7,18-29; 1Rs 3,6-9; 2Cr 20,6-12; Jt 9,9-14.

- pedidos de perdão: Jz 10,10; Esd 9,6-15; Dn 9,4-19.

- orações que ensinam (doutrinais): 1Rs 8,23-53; 1Cr 29,10-19.

6. Sentenças proverbiais

Os ditos sapienciais apresentam numerosas formas. Todas, longas ou curtas, são chamadas em hebraico *mashal* (מָשָׁל).[12] Podem ser distinguidos:

Provérbio

Um dito breve, de fácil memorização, que aponta para uma atitude numa determinada situação. Há diversos tipos de provérbio:

- *Provérbio popular*: geralmente formulado de forma rítmica, pode, no entanto, aparecer também em prosa (cf. 1Sm 10,12; 24,13; 1Rs 20,11; Jr 23,28). Condensa numa frase simples a experiência adquirida no dia a dia e tem escopo didático. Exemplos: Os 8,7; Pr 10,1–22,16 (diversos provérbios).

- *Instrução*: desenvolve uma sentença pelo acréscimo dos motivos ou das consequências da ideia central exposta. A

---

[12] Assim M. GILBERT, "Sapienza", p. 1429. Alguns autores preferem reservar o termo *mashal* para sentenças curtas, sem, no entanto, deixar de reconhecer que o termo na Bíblia tem emprego muito mais amplo (cf. E. Sellin; G. Fohrer, *Introdução ao Antigo Testamento*, v. 2, São Paulo, Paulinas, 1984, p. 460; V. Morla Asensio, *Livros Sapienciais e outros escritos*, São Paulo, Ave-Maria, 1997, p. 63, n. 11).

finalidade é pedagógica. Exemplos: Pr 1,8-9; 2,1-22; 3,1-12; 22,17 – 24,22; Sir 2,1-6; 3,17-24.

- *Provérbio numérico*: parte da tendência a criar listas, classificando as realidades observadas e numerando-as. A enumeração vai num crescendo e destaca o último elemento da série. Geralmente é utilizada a fórmula x / x+1, onde o último elemento é o ponto de chegada da enumeração. O provérbio numérico mostra, em nível reflexivo, semelhanças entre coisas aparentemente dessemelhantes. É aparentada ao enigma, pois cria um suspense acerca da finalização da sentença.[13] Exemplos: Pr 6,16-19 (introdução + série); 30,21-33; Jó 5,19-26.

Enigma (*hîdah*, חִידָה)

Tem a função de, através de proposições paradoxais, levar o discípulo a refletir sobre a realidade mais profunda e, então, escolher o pensamento ou ação que leve ao êxito. Usa muitas vezes a forma de perguntas, que criam um suspense devido à obscuridade do que é insinuado. Exemplos: Jz 14,14-18; Pr 5,15-19.

Diálogo

Apresenta e discute um tema através da exposição de motivos dos vários participantes do diálogo. Expõe diferentes pontos de vista e assim faz refletir sobre um tema. Exemplo é grande parte do livro de Jó, que apresenta a alternância de vozes que falam; cada qual, por sua vez, utiliza diversos gêneros literários.

Poema didático

Trata-se de uma exposição instrutiva, geralmente com ausência de exortações. Normalmente enuncia de início o tema que será desenvolvido. Distingue-se do hino pela sua maior sobriedade

---

[13] Cf. G. VON RAD, *La Sapienza in Israele*, p. 40-41.

PRINCIPAIS GÊNEROS LITERÁRIOS DO ANTIGO TESTAMENTO

expressiva e mais claro escopo didático. Exemplos: Pr 24,30-34; Sir 1,1-10.11-20; 39,16-25; Jó 27,13-23. Se o poema desenvolve o tema em frases que se iniciam com letras em ordem alfabética, é chamado *poema alfabético* ou *acróstico* (cf. Pr 31,10-31; Sl 145).

7. Sentenças proféticas

Oráculos de juízo

Anunciam a punição de Deus devida às culpas do povo ou do indivíduo. Sua estrutura inclui diversos elementos, cuja ordem pode variar; ou um ou outro elemento pode ainda não estar presente. Os principais componentes são: envio do mensageiro; convite a ouvir a mensagem; acusação; anúncio da punição. Alguns exemplos: Is 3,1-11; Jr 2,26-28; Am 2,6-16; 7,16-17; Mq 1,2-7.

Os oráculos de juízo podem-se apresentar com algumas variações, das quais as mais comuns são: a lamentação fúnebre (*qînah*, קִינָה) e a controvérsia jurídica (*rîb*, רִיב), já consideradas anteriormente, e os oráculos em "ai".

Estes últimos iniciam-se com a interjeição "ai" (הוֹי), depois do que são indicados os culpados e é anunciado o juízo (cf. Is 5,8-10.20-24; Am 6,1-7; Mq 2,1-3). Como a interjeição "ai" é utilizada em situações fúnebres (cf. 2Sm 1,17-19; Jr 22,18-19), tais oráculos insinuam a grave situação de perigo em que se encontram os acusados. Exemplos: Is 10,1-4.5-19; Hab 2,6-19.

Oráculos de salvação

São promessas de um futuro favorável. Ocorrem em quatro formas:[14]

---

[14] Cf. C. Westermann, *Prophetische Heilsworte im Alten Testament*, Göttingen, Vandenhoek & Ruprecht, 1987, p. 14-18.

- Oráculos de salvação propriamente ditos. Podem ser de três tipos:[15]

  - *Promessa de salvação*: anuncia o futuro na base de uma palavra ou ação de Deus no passado. A promessa vem numa frase com sentido futuro, baseada na menção de uma ação de Deus, formulada numa frase com conotação passada. É a forma mais garantida de promessa salvífica. Exemplos: Is 43,1-7; Jr 1,8-10.

  - *Anúncio de salvação*: é formulado em frases com sentido futuro. É menos garantido, pois não faz referência ao agir de Deus no passado. Exemplos: Is 40,9-11; Jr 32,14-15.

  - *Descrição de salvação*: descreve a nova realidade a se inaugurar. Exemplo: Is 11,1-10.

- *Duplo anúncio*: inclui simultaneamente o juízo para os inimigos e a salvação para Israel/Judá. Exemplos: Am 9,11-12; Ab 19-20.

- *Oráculos de salvação condicionados*: em que o ouvinte é colocado diante de uma alternativa, de modo que a realização da salvação depende de sua opção. Exemplos: Is 1,19-20; Sf 2,3.

- *Oráculos que anunciam diferentes sortes para justos e ímpios*: salvação para os justos e punição para os ímpios. Exemplos: Is 1,27-28; 3,10-11; 29,19-21.

---

[15] Cf. C. Westermann, "The Way of Promisse Through the Old Testament", in B. W. Anderson (org.), *The Old Testament and Christian Faith*, London, SCM Press, 1964, p. 200-224, aqui p. 203-209.

Exortação à conversão

Alguns autores admitem a existência, como gênero autônomo (não necessariamente ligada a um oráculo de juízo ou salvação), de exortações à conversão. Seus elementos estruturais são: o chamado à conversão propriamente dito e sua motivação.[16] Exemplos: Jr 25,5-7; Am 5,4-6.14-15.

8. Macarismos

As bem-aventuranças (macarismos) são declarações de felicidade, já presente ou prometida. À diferença das bênçãos, as bem-aventuranças não expressam desejo. Ocorrem, sobretudo, no Saltério e em livros sapienciais, sendo raras no Pentateuco (somente em Gn 30,13 e Dt 33,29), nos chamados livros históricos (cf. 1Rs 10,8; 2Cr 9,7) e nos profetas (cf. Is 30,18; 32,20; 56,2; Ml 3,12); ocorre somente uma vez em Daniel (cf. Dn 12,12). São caracterizadas pela palavra "feliz", "bem-aventurado" (אַשְׁרֵי) e formuladas em sentenças nominais.[17]

---

[16] Cf. T. M. Raitt, "The Prophetic Summons to Repentance", *Zeitschrift für die Alttestamentliche Wissenschaft* 83 (1971) 33-35; K. A. Tångberg, *Die prophetische Mahnrede. Form- und traditions-geschichtliche Studien zum prophetischen Umkehrruf*, Göttingen, Vandenhoeck & Ruprecht, 1987, p. 57. 140-141.

[17] Cf. J. Dupont, "Beatitudine / Beatitudini", in P. Rossano; G. Ravasi; A. Girlanda, *Nuovo Dizionario di Teologia Biblica*, p. 155-156.

APÊNDICE 2

PRINCIPAIS GÊNEROS LITERÁRIOS DO NOVO TESTAMENTO

Os gêneros literários utilizados no Novo Testamento são numerosos e em parte provêm do mundo do Antigo Testamento, agora, porém, determinados pela perspectiva cristã. Embora não possam ser classificados simplesmente a partir dos grandes tipos de escritos (evangelhos, cartas, Atos e Apocalipse), alguns são mais recorrentes em um ou outro grupo de livros. Não há uniformidade nem de identificação nem de nomenclatura dos diversos gêneros; de modo semelhante, falta consistência na classificação de uma passagem num ou noutro tipo de texto. Por outro lado, em virtude de o estudo dos gêneros ter derivado, em seus inícios, do estudo das *formas* (como unidades mínimas que veiculam um conteúdo tradicional), a categorização dos gêneros literários presentes no Novo Testamento inclui por vezes também formas mais simples (por exemplo: sentenças e normas isoladas). Apesar destas dificuldades e unicamente com a finalidade de oferecer algumas balizas, é apresentado aqui um elenco dos gêneros (e algumas *formas*) mais encontrados, com suas características.

1. Narrativas

Paradigma e narrativa de vocação

O *paradigma* é uma narrativa breve, que se concentra sobre um ensinamento de Jesus relativo à vida de fé ou ao comportamento cristão. O fato narrado serve como comprovação da pessoa de Jesus e traz um ensinamento paradigmático; apresenta o *modelo* para o crer e agir cristãos. A palavra de Jesus é o ponto de chegada da narração. Exemplos são Mc 2,1-12; 2,23-28; 3,1-6; 14,3-9.

Uma forma especial de paradigma é a *narrativa de vocação*. Estruturada basicamente sobre o esquema chamado de Jesus + resposta ao chamado, indica o modelo da resposta que o cristão deve dar ao encontro com o Mestre (cf. Mc 1,16-20; 2,14 e paralelos; Lc 5,1-11; 9,57-62).

Narrativa de milagre

Diferentemente do paradigma é a narrativa de milagre, pois, nesta, o centro é o próprio milagre e não um ensinamento particular. Propõe-se a indicar o poder (de Jesus; ou de Deus, no caso dos apóstolos) sobre o mal e a morte, mostrar a compaixão divina para com a dor humana e a chegada do tempo de salvação (cf. Is 35,5-6, citado em Mt 11,4-6). Podem ser distinguidas:

• Curas e ressurreições

Seguem, em geral, a estrutura:

• aproximação entre taumaturgo e a pessoa;

• indicação da necessidade; descrição do doente / da doença; constatação da morte;

• realização da cura ou ressurreição (por palavra e/ou gesto); muitas vezes, é precedida de diálogo e da menção da fé do doente ou dos circunstantes;

- constatação do milagre;

- consequências: muitas vezes, admiração do povo, palavras de louvor ou observação do redator.

Exemplos: Mt 9,1-8; Mc 7,31-37; Lc 7,11-17; Jo 2,1-11; At 3,1-10.

- Multiplicações e milagres sobre a natureza

Esquema básico:

- aproximação de Jesus e do povo/discípulos;

- indicação da necessidade;

- preparação da cena do milagre;

- realização do milagre;

- conclusão, em forma de constatação do milagre.

Exemplos: Mt 8,1-10; Mc 6,32-44; Lc 5,4-10.

- Exorcismos

Apresentam em geral os seguintes elementos:

- encontro de Jesus com o endemoninhado;

- oposição do demônio ao exorcismo;

- ameaça da parte do exorcista;

- ordem de silêncio dada ao demônio;

- expulsão do demônio (*apopompé*);

- saída do demônio;

- espanto dos circunstantes;

- difusão do acontecido.

Exemplos: Mc 1,23-28; 5,1-20 (e paralelos); 9,14-29 (e paralelos); Lc 4,31-37.

Narração de epifania

Toda narrativa de milagre pode ser considerada, em sentido largo, uma epifania. Há, no entanto, relatos propriamente epifânicos, nos quais a divindade é revelada na pessoa mesma de Jesus (e não em seu agir em favor de outros). Em geral, apresentam também uma palavra de revelação. Dois exemplos, nos evangelhos, são a transfiguração de Jesus (cf. Mc 9,2-8 e paralelos) e seu caminhar sobre o mar (cf. Mc 6,45-52 e paralelos). O esquema seguido é semelhante nos dois casos:

	Mc 9,2-8	Mc 6,45-52
Preparação da cena	v. 2	v. 45-48a
Epifania	v. 3-4	v. 48b
Reação dos expectadores	v. 5	v. 49-50a
Revelação pela palavra	v. 7	v. 50b
Conclusão	v. 8	v. 51-52

Apoftegma

Trata-se do relato de um dito ou fato da vida de um personagem considerado importante e que se apresenta, por assim dizer, como um elemento de sua "biografia", como algo que chama a atenção por demonstrar a sabedoria, capacidade ou destreza do personagem; ou ainda sua capacidade de quebrar estereótipos. São exatamente estes últimos aspectos que diferenciam o apoftegma de outros tipos de narração.

Os exemplos são numerosos. Alguns dos mais chamativos são (com os textos paralelos):

- Mc 2,16-17: comer com os pecadores;

- Mc 2,18-22: o jejum;

- Mc 2,23-28: arrancar espigas em dia de sábado;

- Mc 3,31-35: quem são os parentes de Jesus;

- Mc 12,13-17: o imposto a César;

- Mc 12,18-27: a pergunta dos saduceus;
- Mc 12,35-37: a pergunta sobre o Filho de Davi;
- Lc 7,36-50: o perdão e o amor;
- Jo 7,53–8,1: a mulher adúltera;
- Jo 12,1-8: a unção de Jesus.

2. Discursos

São instruções e pregações, por vezes entremeadas de diálogos. Há vários tipos de discurso. O discurso caracteriza-se por expor um tema central, que se desenvolve paulatinamente, incluindo, normalmente, temas secundários. Podem ser classificados segundo o conteúdo ou a forma predominante que apresentam (embora possam incluir conteúdos e gêneros subordinados).

Palavra sapiencial

É marcada pela índole proverbial ou por tocar questões afins à sabedoria: cf. Mt 6,19-34; 10,16b; 12,34-35; 24,28 (e paralelos).

Palavra profética

Anuncia a vinda do Reino de Deus e a consequente necessidade de conversão: cf. Mt 11,2-6; Mc 1,15-15 (e paralelos); Lc 7,18-23; 17,20-21.

Palavra em "Eu"

Pronunciada por Jesus em 1ª pessoa. Evidencia sua autoridade ímpar e sua dignidade divina. Exemplos: Mt 10,34-36; 11,25-30; 19,28-30; Mc 2,17; Jo 5,19-47; 6,32-40.53-58.

Instrução para a missão

Usa normalmente a 2ª pessoa do plural e dá orientações para o desenvolvimento da missão e o comportamento dos missionários. Exemplos: Mt 10,7-14; Mc 6,10-11; Lc 9,3-5.

Discurso de adeus

Aparece como últimas palavras do personagem em questão. Funciona como testamento, onde aparecem suas últimas instruções e desejos; normalmente menciona a proximidade da morte ou a ela alude. Alguns exemplos são: Lc 22,28-38 (cf. v. 15-17: anúncio da morte); Jo 13,31-35; 14,1-31; At 20,17-35.

Argumentação e diatribe

A *argumentação* é um tipo de discurso em que se tenta convencer a audiência acerca de algo não aceito como certo pelos ouvintes. Recorre-se a conceitos compartilhados pelas duas partes. São apresentados argumentos que, pelo seu desenvolvimento lógico, são capazes de serem aceitos, levando à conclusão desejada pelo autor.

Exemplos: Mt 18,15-20; Mc 8,34–9,1; Lc 16,9-13; Rm 6,15–7,6; Gl 5,1-15; 1Cor 6,12-20; 1Jo 4,7-21.

A *diatribe* tem muito em comum com a argumentação; dela difere porque fala diretamente ao destinatário e o interpela, sublinhando a personalidade de quem fala. Cf.: Rm 2,1-5.17-24; 9,14-33; 11,17-24; 14,4.

Apologia e disputa (ou controvérsia)

À diferença da argumentação, a *apologia* concentra-se mais propriamente na defesa da própria pessoa (autodefesa) ou de terceiros (de pessoas diversas ou de Deus), em sentido jurídico (supondo um tribunal) ou não. Usa a 1ª pessoa do singular (ou 3ª pessoa, quando trata da defesa de terceiros), por vezes referindo-se ao agir de quem é defendido e fazendo perguntas ou apresentando declaração de inocência.

A *disputa (controvérsia)*, por sua vez, tem em comum com a apologia a atitude de defesa, mas supõe um confronto entre as partes (o protagonista e seus adversários). Sua estrutura apresenta, em geral, os seguintes elementos:

* pergunta dos adversários;
* pergunta do protagonista;
* resposta dos adversários;
* resposta ou negação de resposta do protagonista.

Exemplos: Mc 3,22-30; 11,27-33; 12,13-17.18-27.35-37; Lc 6,1-5; Jo 10,24-30.34-38.

Parênese

Exortação moral, muitas vezes breve, que indica normas, mas sem explicá-las. Pretende apontar o modelo a ser seguido no comportamento. Fala diretamente ao destinatário, em segunda pessoa, do singular ou plural. As parêneses podem ser de diversos tipos, de acordo com o conteúdo veiculado:

* Social ou comunitária:

  * a prática do amor fraterno: cf. Mt 5,22-26.44-47; 7,12; Rm 12,14-21; 13,8-10; 1Ts 4,9-10.

  * o comportamento em comunidade; a relação entre grupos na comunidade: cf. Ef 5,21-32; Rm 13,1-7; Ef 4,7-16; Tt 2,9-10; 3,1-2; Hb 12,12-16; Tg 5,9-20; 1Pd 2,18; 4,8-11; 5,5.

* Conduta pessoal: cf. Rm 13,11-13; 1Ts 4,1-8.11-12; Hb 13,4-5; 1Pd 3,1-8.

* Sobre a vigilância: cf. Mt 25,13; Lc 12,35-48; Ef 6,14-18; 1Ts 5,6-7; Tg 5,7-8; 1Pd 1,13-15; 4,7-8; 5,8-10.

Muitas vezes as cartas do Novo Testamento apresentam, próximas ao seu final, parêneses sintéticas, que resumem o comportamento essencial a ser mantido pelos destinatários. Cf. 1Cor 15,58; 16,13-14; 2Cor 13,11; Gl 6,7-10; Ef 6,10-20; Cl 4,2-6; 1Ts 5,12-22; 2Ts 3,13; Tt 3,14; 1Jo 5,21 (cf. ainda Ap 22,11).

Norma

A *norma* é aparentada à parênese. Dela se diferencia porque é formulada de modo mais genérico, em terceira pessoa do singular ou plural. Alguns exemplos: Lc 3,11; 22,36; 1Cor 7,6-24; 11,6-7.28-29; 14,13.27-30.

Parábola e alegoria

A *parábola* é uma comparação desenvolvida em forma de relato, mais ou menos longo, com um ensinamento doutrinal ou moral. Na parábola, interessa a mensagem global. Os detalhes estão em função deste ensinamento central e não têm, normalmente, valor em si mesmos.

Exemplos de parábola são (com os paralelos): Mt 13,33.44.45-46.47-50.52; 18,12-14. Mc 4,26-29; 13,28-29.34; Lc 6,46-49; 11,21-22; 14,31-32; 15,4-7. 8-10.

Há parábolas mais desenvolvidas, que narram uma história singular, incomum, usando o tempo verbal passado: são as *narrativas parabólicas*. Estas são:[1]

- Mt 13,24-30; 18,23-35; 20,1-16; 21,28-32; 22,1-14; 25,1-13. 14-30.

- Mc 12,1-12 (e paralelos).

- Lc 7,41-43; 10,30-37; 12,16-21; 14,16-24; 15,11-32; 16,1-13.19-31; 18,1-8.9-14; 19,11-27.

Na *alegoria*, diferentemente da parábola, cada elemento explica um aspecto de um ensinamento que se quer comunicar. São

---

[1]   Cf. K. Berger, *As formas literárias do Novo Testamento*, São Paulo, Loyola, 1998, p. 51-55.

metáforas justapostas, cada qual com valor próprio, formando um conjunto coerente. Exemplos de alegoria são: Jo 10, 1-5.6.7-18; 15,1-8.

No Novo Testamento há também alegorias em que o autor ou um personagem dá sentido simbólico a elementos citados: cf. Ap 5,6.8; 16,13-14; 21,1-3.

Alguns textos unem parábola e alegoria, de modo que parábolas são explicadas em forma alegórica. Assim, Mt 13,36-43 é uma alegoria que explica a parábola de Mt 13,24-30; Mc 4,14-20 explica Mc 4,1-9 (e paralelos).

Bem-aventurança

Como no Antigo Testamento, a bem-aventurança (macarismo) é uma declaração de que uma pessoa ou um comportamento participa da bem-aventurança concedida por Deus. Tais declarações utilizam a palavra "feliz", "bem-aventurado" (μακάριος) e são formuladas em frases nominais.

Há numerosos exemplos no Novo Testamento: cf. Mt 5,3-11; 11,6; 13,16; 16,17; Lc 1,45; 6,20-22; 23,29; Jo 20,29; Rm 14,22; Tg 1,12; 1Pd 4,14; Ap 1,3; 14,13; 22,7.

Maldição

A *maldição*, introduzida pelo termo "maldito" (ἀνάθεμα, ἐπικατάρατος, ἐπάρατος), declara a ausência da bênção divina sobre uma pessoa. São poucos os textos do Novo Testamento que trazem maldições.

Exemplos: Jo 7,49; 1Cor 16,22; Gl 1,8-9.

Catálogo

Trata-se de uma enumeração de comportamentos ou características positivas ou negativas de uma dada realidade. Define o que é certo e errado e visa fomentar o comportamento desejado.

O Novo Testamento apresenta catálogos diversos:

- de virtudes, vícios e pecados: cf. Rm 13,13; 1Cor 13,13; Gl 5,19-23; Ef 5,3-5; Cl 3,5-8; 1Tm 4,12; Tg 3,17; 2Pd 1,5-7; Ap 9,21; 21,8; 22,15;

- de deveres: da vida doméstica (cf. Ef 5,22–6,9; Cl 3,18–4,1; 1Tm 2,8-15; Tt 2,1-10; 1Pd 2,13–3,12) e da vida eclesial (cf. 1Tm 3,1-7.8-13; 5,3-16; Tt 1,5-9).

Discurso *in genere*

Numerosos discursos não se enquadram numa classificação específica. Exemplos são alguns discursos do livro dos Atos dos Apóstolos (cf. At 13,16-41; 14,15-17; 17,7-11); os discursos sobre a queda de Jerusalém (cf. Mt 24,1-36 e paralelos); sobre a vinda do Filho do Homem (cf. Lc 17,20–18,14); o chamado "discurso da montanha" (cf. Mt 5–7: com vários gêneros subordinados) e "da planície" (cf. Lc 6); os "ais" de Jesus contra os fariseus (cf. Mt 23; Lc 11,37-53), dentre outros.

3. Outros gêneros

Há outros gêneros que não se enquadram simplesmente em narrativas e discursos, mas podem estar presentes em um e outro caso ou ainda podem encontrar-se de forma independente.

Sentença

É um ensinamento breve, simples, normalmente baseado na experiência, com o que ganha grande força de convencimento (cf. Lc 13,30; 18,14; 19,26; Jo 15,20; At 20,35). Frequentemente, fecha um relato, dando-lhe o sentido, resumindo ou explicando o que foi explanado (cf. Mc 9,40.41.42-50 e paralelos). Pode também vir como elemento de uma argumentação, durante seu desenvolvimento (cf. Lc 16,10; Hb 9,16; Ap 3,19).

Muitas vezes as sentenças estão ligadas a parábolas, concluindo-as: cf. Mt 13,52; 18,35; Lc 16,8b.

Sumário

É um resumo, em tom genérico, de acontecimentos ou ações realizadas. Serve como síntese e chama a atenção para elementos fundamentais da realidade ali descrita. São exemplos de sumário: Mt 4,23-25; 14,35-36; Mc 6,55-56; Lc 4,40-41; 17,11; 13,22; At 2,42-47; 4,32-35; 5,12-16.

Hino, fórmula de louvor, doxologia

Hino é um louvor de Deus ou de seus feitos estruturado em forma poética. O Novo Testamento traz numerosos hinos. Alguns exemplos: Fl 2,6-11; Cl 1,15-20; Ef 1,3-14; 1Tm 3,16; 1Pd 2,22-24; Ap 4,11; 5,9-10; 11,17-18; 12,10-12; 19,6-8. Semelhantes aos hinos são as fórmulas de louvor e as doxologias. As *fórmulas de louvor* são composições mais breves em extensão e menos marcadas pelo estilo poético: cf. Rm 3,30; 1Cor 8,6; Ef 4,5-6. As *doxologias* caracterizam-se pelo uso do termo "bendito" (εὐλογητός = בָּרוּךְ) (cf. 2Cor 1,3; Ef 1,3; 1Pd 1,3-5) ou por concluírem um louvor com a menção da glória de Deus (cf. Rm 11,36; 16,25-27; Ef 3,20-21; Gl 1,5; Fl 4,20; 1Tm 1,17; 2Tm 4,18; Ap 4,11; 5,12.13; 7,12.

Embora possa haver casos ambíguos, a comparação dos exemplos citados pode lançar luz para diferenciar hino, fórmula de louvor e doxologia.

Confissão de fé

Trata-se de uma fórmula breve que resume um conteúdo de fé. Exemplos: Rm 1,3-4; 1Cor 15,3-5.

PRINCIPAIS GÊNEROS LITERÁRIOS DO NOVO TESTAMENTO · 203

4. Apocalipse

É o gênero literário que melhor expressa a mentalidade apocalíptica. Esta se caracteriza como uma visão de mundo centrada na proeminência do sobrenatural sobre a história humana. Manifesta-se especialmente no juízo futuro de Deus sobre os acontecimentos. Tem por finalidade exortar um comportamento adequado à realidade revelada, pois fornece os critérios para avaliar a história humana concreta e discernir seus elementos, numa visão alternativa a uma leitura puramente factual dos acontecimentos. Em termos de conteúdo, o gênero literário apocalíptico apresenta a época atual do autor do escrito como uma situação totalmente caótica, de modo que somente com a intervenção divina, esperada para breve, será possível superá-la. O autor apocalíptico dá a conhecer, então, uma revelação de Deus, que abre a uma realidade transcendente. Deus julgará a história e mostrará enfim seu domínio sobre todos os acontecimentos. Sob o ponto de vista formal, o apocalipse conta com a figura de um mediador da revelação, que, por vezes, também a explica.[2]

No Novo Testamento este gênero está presente, sobretudo, em textos do livro do Apocalipse.

---

[2] Sobre esta caracterização, cf. J. J. Collins, *A imaginação apocalíptica. Uma introdução à literatura apocalíptica judaica*, São Paulo, Paulus, 2010, p. 22-24.

Rua Dona Inácia Uchoa, 62
04110-020 – São Paulo – SP (Brasil)
Tel.: (11) 2125-3500
http://www.paulinas.com.br – editora@paulinas.com.br
Telemarketing e SAC: 0800-7010081